普通高等教育“十二五”规划教材
全国高等院校应用人才培养规划教材·经济管理系列

中级财务会计实训

段贵珠　张宗强　杨世鉴　编著

北京大学出版社
PEKING UNIVERSITY PRESS

内 容 简 介

本书划分为六个模块，涵盖了中级财务会计的主要内容，每个模块安排相对独立的会计岗位核算内容，所有模块构成一个相对完整的系统。本书按照工作岗位进行模块化操作编写，具有模拟性和可控性，既有身临其境的真实岗位工作感觉，又便于教师的控制和掌握，能够取得较好的教学和实践效果，并且便于在实验室进行会计实践操作的练习，让学生掌握会计核算的各项实践技能，同时巩固所学理论知识。

本书可作为高等教育、职业教育、开放教育、成人教育会计专业的大中专在校学生的教材，也可作为会计人员参加会计从业资格考试和继续教育的培训教材以及会计从业者自学的参考书等。

图书在版编目（CIP）数据

中级财务会计实训/段贵珠，张宗强，杨世鉴编著．—北京：北京大学出版社，2012.9

（全国高等院校应用人才培养规划教材·经济管理系列）

ISBN 978-7-301-21216-5

Ⅰ. ①中…　Ⅱ. ①段…②张…③杨…　Ⅲ. 财务会计－高等学校－教材　Ⅳ. ①F234.4

中国版本图书馆 CIP 数据核字（2012）第 213211 号

书　　名：中级财务会计实训
著作责任者：段贵珠　张宗强　杨世鉴　编著
责 任 编 辑：吴坤娟
标 准 书 号：ISBN 978-7-301-21216-5/F·3331
出　版　者：北京大学出版社
地　　址：北京市海淀区成府路 205 号　100871
网　　址：http://www.pup.cn
电　　话：邮购部 62752015　发行部 62750672　编辑部 62756923　出版部 62754962
电 子 信 箱：xxjs@pup.pku.edu.cn
印　刷　者：三河市博文印刷有限公司
发　行　者：北京大学出版社
经　销　者：新华书店
787 毫米×980 毫米　16 开本　12 印张　280 千字
2012 年 9 月第 1 版　2017 年 1 月第 4 次印刷
定　　价：26.00 元

总　　序

为贯彻落实教育部《关于全面提高高等职业教育教学质量的若干意见》和河北广播电视大学《关于进一步推进高职高专教育教学改革的意见（试行）的通知》的精神，邯郸广播电视大学把提高教育教学质量、提高办学水平作为重点工作，确定了通过建设重点学科，提升学术水平与教学水平的工作思路，把财务会计和计算机应用专业作为重点学科，列入了邯郸市政府全市高等教育重点学科建设计划。为了切实做好这项工作，邯郸广播电视大学依托河北广播电视大学雄厚的师资力量开展重点学科建设，决定先行开展财会专业教材建设，以启动和推进重点学科建设全面开展。

邯郸广播电视大学重点专业建设领导小组

组　长：李守新

副组长：王志安　王书增

成　员：樊志新　谢国栋　张文峰　刘建民　付向华　柴巨溢

邯郸广播电视大学重点专业教材编审出版发行办公室

主　任：王志安

副主任：谢国栋　段贵珠

成　员：李玉梅　张学泉　梁星　李炳　王勇

财会专业系列教材如下：

基础会计	中级财务会计
成本会计	中级财务会计实训
国家税收	财务管理
会计实验教程	应用统计教程

邯郸广播电视大学

2012 年 7 月

前　　言

中级财务会计实训是会计教学的一个重要环节，其教学目的是通过一定的方法在实验室进行会计实践操作的练习，让学生掌握会计核算的各项实践技能，同时巩固所学理论知识。

中级财务会计实训具有自己的特点：模拟性和可控性。既有身临其境的真实岗位工作感觉，又便于教师的控制和掌握，能够取得较好的教学效果。

本书与《中级财务会计》（张宗强、段贵珠主编）相配套，在内容安排、教学进度等方面与之协调，以达到相互配合、提高教学效果的目的。整个实训划分为六个模块，涵盖了中级财务会计的主要内容。每个模块安排一个相对独立的会计岗位核算内容，所有模块构成一个相对完整的系统。

本书为邯郸广播电视大学（简称邯郸电大）和河北广播电视大学（简称河北电大）共同编写。邯郸电大段贵珠教授负责规划组织，编写大纲以及本书的修改、统稿工作。本书的编写分工如下：模块一、模块二由段贵珠教授编写，模块三、模块四由河北电大张宗强教授编写，模块五、模块六由河北电大杨世鉴讲师编写。最后由邯郸长城会计师事务所注册会计师李艳青同志审定。

本书在编写过程中得到了邯郸电大、河北电大校领导及教学指导中心、教务处等有关领导的大力支持和帮助，经济系的教师们也提出了许多好的建议，在此一并致谢。

由于编者水平所限，教材中难免有不足之处，恳请读者提出宝贵意见和建议。

编　者

2012年5月

目　　录

模块一　出纳岗位实训

一、岗位职责

（1）按照国家有关现金管理条例和银行结算制度的规定，在费用开支范围内，对经有关人员审批后的合理、合法的收支凭证，办理现金收付和银行存款结算业务。

（2）根据收付原始凭证编制记账凭证，并序时登记现金日记账和银行存款日记账，做到日清月结，确保现金账面余额与实际库存相符。

（3）负责保管好有关银行印鉴、密码器、空白收据、空白支票及其他有关空白凭证。

（4）负责保管好库存现金和各种有价证券，掌握银行存款余额，以免签发空头支票，加强银行账户管理，不得出租出借银行账户为其他单位办理结算业务。

（5）做好银行账的核对工作，每月编制银行存款余额调节表，使银行存款账面余额和银行对账单的余额调节相符。如调节不符，应查明原因，及时处理。

二、实训目的

通过本岗位的实训，熟悉岗位基本职责，理解货币资金管理制度，了解货币资金结算业务程序，掌握货币资金核算的内容和操作技能。

三、实训业务

1．实训企业概况概况

企业名称：华润标准件厂（一般纳税人）
地　　址：石家庄市世纪大道28号
法人代表：张佳利
经营范围：生产销售标准件
注册资金：500万
开户银行：石家庄市工商银行世纪大道办事处
账　　号：130403080117
纳税人登记号：21108631978

2．2011年8月末有关账户余额

现金日记账余额：3 600元。
银行存款日记账余额：296 400元。

3．2011年9月份发生的经济业务

（1）1日，以库存现金500元购买办公用品，企业管理部门已领用。

（2）1 日，职工王伟报销差旅费 2 530 元，并交回多余现金 70 元，结清预借款。

（3）3 日，签发现金支票，提取现金 5 000 元备用。

（4）5 日，从本市汉光机械厂购入复印设备一台，购买价 80 000 元，增值税进项税额 13 600 元，开出转账支票一张，机修车间领用。

（5）8 日，根据“工资结算汇总表”发放职工工资，直接通过银行代发，转入职工个人工资账户；结转代扣款项（医疗保险金、养老保险金和住房公积金）。

（6）10 日，根据投资协议书，公司接受万达电机厂投入的 500 000 元，钱款已存入银行。

（7）11 日，向安阳市诚信物资公司销售甲产品 10 件，每件售价 15 000 元，计价款 150 000 元，增值税销项税额 25 500 元，以转账支票垫付运费 1 500 元，产品已发出，并向银行办理了托收承付手续。

（8）12 日，向银行办理银行汇票 200 000 元，准备到宝山钢铁厂采购圆钢。

（9）12 日，张玲报销医药费 464 元，以现金付讫。

（10）14 日，销售部采购员刘海平出差预借差旅费 1 000 元。

（11）15 日，缴纳增值税 3 400 元，已开出转账支票；另以现金支付城建税 170 元，教育费附加 102 元。

（12）17 日，开出转账支票支付产品广告费 2 000 元。

（13）21 日，接银行托收承付凭证（收账通知），本月 11 日向诚信物资公司销售的产品货款已收账。

（14）21 日，从银行购买有关凭证：现金支票 2 本，转账支票 2 本，托收凭证 2 本，共计 80 元，已用现金支付。

（15）21 日，向龙发工厂发出商品一批，价税合计 80 000 元，已办理委托收款手续。

（16）25 日，从宝山钢铁厂采购圆钢多余款 24 500 元存入银行。

（17）25 日，出售给个体经营户李洪涛废品一批，收入现金 600 元。

（18）27 日，销售部采购员刘海平出差回来，报销差旅费 3 160 元。

（19）28 日，开出转账支票支付业务招待费 1 200 元，从金都酒店取得 6 张 200 元定额发票。

（20）30 日，收到开户行寄来的 9 月份银行存款对账单。

四、实训要求

（1）根据期初资料开设现金日记账和银行存款日记账。

（2）补填有关原始凭证。

（3）填制和审核记账凭证。

（4）登记现金日记账和银行存款日记账。

（5）根据银行存款日记账和银行对账单核查未达账项，编制银行存款余额调节表。

（6）编写实训报告。

五、实训资料

凭 1-1

河北省石家庄市货物销售统一发票

冀石家庄市

发 票 联

全国统一发票监制 国家税务总局监制

No：0805139

客户名称：华润标准件厂　　2011 年 9 月 1 日

货 号	品名及规格	单位	数量	单价	金额 万	千	百	十	元	角	分
	A4 复印纸	包	10	20			2	0	0	0	0
	记录本	本	30	10			3	0	0	0	0
合计金额（大写）	×万×仟伍佰零拾零元零角零分					¥	5	0	0	0	0

收款企业 石家庄市百货公司 财务专用章　　收款人：岳云　　开票人：王紫琪

凭 1-2

华润标准件厂出差报销单

2011 年 9 月 1 日

姓 名	王伟	工作部门	行政科	出差日期	8 月 23—29 日
出差事由	外出联系业务	出差地点	哈尔滨	往返天数	7 天
发生费用	交通费	住宿费	伙食补贴	其 他	合 计
	1250.00	800.00	280.00	200.00	2 530.00
合 计	1250.00	800.00	280.00	200.00	2 530.00
	人民币（大写）贰仟伍佰叁拾元整				
预借金额	2 600.00	应退金额	70.00	应补金额	

批准人：张佳利　　审核人：张小梅　　部门主管：李晓峰　　出差人：王伟

凭 1-3

<table>
<tr>
<td>中国工商银行
现金支票存根
支票号码：No12501
签发日期：　年　月　日

收款人：________
金　额：________
用　途：________
单位主管　　会计</td>
<td>中国工商银行　现金支票　支票号码：No12501
签发日期（大写）：　年　月　日　　开户行名称：
收款人：　　　　出票人账号：
人民币（大写）　　　　　　　¥________
用途：____________
上列款项请从
我账户内支付
出票人签章　　　复核　　　　记账</td>
</tr>
</table>

凭 1-4-1

1300011204　　　　河北省增值税专用发票　　　　No. 01593478

发票联

开票日期：2011 年 12 月 5 日

国税函[2011] 1321 号北京印钞厂

<table>
<tr><td rowspan="4">购货单位</td><td colspan="4">名　　称：华润标准件厂</td><td rowspan="4">密码区</td><td colspan="4" rowspan="4">略</td></tr>
<tr><td colspan="4">纳税人识别号：130403080117</td></tr>
<tr><td colspan="4">地 址、电 话：石家庄市世纪大道 28 号</td></tr>
<tr><td colspan="4">开户行及账号：工行世纪大道办事处</td></tr>
<tr><td colspan="2">货物或应税劳务名称</td><td>规格型号</td><td>单位</td><td>数量</td><td>单价</td><td>金额</td><td>税率</td><td>税额</td></tr>
<tr><td colspan="2">复印机</td><td>W2</td><td>台</td><td>1</td><td>80 000</td><td>80 000.00</td><td>17%</td><td>13 600.00</td></tr>
<tr><td colspan="2">合　计</td><td></td><td></td><td></td><td></td><td>¥80 000.00</td><td></td><td>¥13 600.00</td></tr>
<tr><td colspan="2">价税合计（大写）</td><td colspan="7">玖万叁仟陆佰零拾零元零角零分　　（小写）¥93 600.00</td></tr>
<tr><td rowspan="4">销货单位</td><td colspan="4">名　　称：汉光机械厂</td><td rowspan="4">备注</td><td colspan="4" rowspan="4"></td></tr>
<tr><td colspan="4">纳税人识别号：21108603078</td></tr>
<tr><td colspan="4">地 址、电 话：石家庄市和平路 199 号</td></tr>
<tr><td colspan="4">开户行及账号：工行和平路办事处 130403081107</td></tr>
</table>

第二联：发票联 购货方记账凭证

收款人：　　　复核：　　　开票人：　　　销货单位：（章）

石家庄市汉光机械厂
发票专用章

凭 1-4-2

中国工商银行
转账支票存根

支票号码　0010153

附加信息

出票日期：2011年9月5日

收款人：	汉光机械厂
金　额：	93 600.00
用　途：	购置设备

单位主管　　　　　会计

凭 1-4-3

固定资产验收单

年　月　日

名称	单位	数量	价格	预计使用年限	使用部门
复印机	台	1	93 600.00	5	机修车间
备注					

制单：　　　　　　　　　　审核：

凭 1-5-1

中国工商银行
转账支票存根

支票号码　0010154

附加信息

出票日期：　　年　月　日

收款人：	
金　额：	
用　途：	

单位主管　　　　　会计

凭 1-5-2

中国工商银行
转账支票存根

支票号码 0010155

附加信息______________

____

出票日期： 年 月 日

收款人：	
金 额：	
用 途：	

单位主管 会计

凭 1-5-3

中国工商银行
转账支票存根

支票号码 0010156

附加信息______________

____

出票日期： 年 月 日

收款人：	
金 额：	
用 途：	

单位主管 会计

凭 1-5-4

中国工商银行
转账支票存根

支票号码　0010157

附加信息______________

____

出票日期：　　年　　月　　日

收款人：
金　额：
用　途：

单位主管　　　　会计

凭 1-5-5

华润标准件厂**工资结算汇总表**

2011 年 9 月 8 日

车间、部门	基本工资	岗位工资	奖金	各种补贴	事假病假扣款	应发工资	代扣款项			实发金额
							医疗保险	养老保险	住房公积	
生产车间	58 000	3 000	9 700	5 500	300	75 900	6 072	15 180	7 590	47 058
——生产工人	48 000	2 400	8 000	4 500	300	62 600	5 008	12 520	6 260	58 812
——管理人员	10 000	600	1 700	1 000		13 300	1 064	2 660	1 330	8 246
机修车间	23 000	1 200	600	2 500	60	27 240	2 179.2	5 448	2 724	16 888.8
销售机构	16 000	200	4 500	1 500		22 200	1 776	4 440	2 220	13 764
管理部门	28 000	900	7 000	2 900	200	38 600	3 088	7 720	3 860	23 932
福利部门	3 000	200	200	1 000		4 400	352	880	440	2 728
合　计	128 000	5 500	22 000	13 400	560	168 340	13 467.2	33 668	16 834	104 370.8

凭 1-6-1

投资协议书

2011 年 9 月 10 日

投资单位	万达电机厂（甲方）	接受单位	华润标准件厂（乙方）
账号或地址	130403280191	账号或地址	130403080117
开户银行	工商银行人民路办事处	开户银行	工商银行世纪大道办事处
投资金额	人民币（大写）：伍拾万元整		
协议条款	经双方友好协商达成如下协议： 1．投资期限 5 年。 2．在投资期限内甲方不得抽回投资。 3．在投资期限内乙方保证甲方投资保值和增值。 4．在投资期限内乙方应按利润分配规定支付甲方利润。 5．未尽事宜另行商定。 甲方代表签字：陈晨　　乙方代表签字：张佳利		

凭 1-6-2

中国工商银行 进 账 单（收账通知）

2011 年 9 月 10 日　　No：339466

收款人	全　称	华润标准件厂	付款人	全　称	万达电机厂								
	账号或地址	130403080117		账号或地址	130403280191								
	开户银行	工商银行世纪大道办事处		开户银行	工商银行人民路办事处								
人民币（大写）：伍拾万元整				千	百	十	万	千	百	十	元	角	分
					¥	5	0	0	0	0	0	0	0
票据种类	转账支票			收款人开户银行盖章：									
票据张数	1												
单位主管：　会计：　复核：　记账：				中国工商银行 世纪大道办事处 转讫									

凭 1-7-1

国税函[2011] 1321 号北京印钞厂

河北省增值税专用发票

1304800501

No: 00130464

此联不作报销、扣税凭证使用　　开票日期：2011 年 9 月 11 日

购货单位	名　　称：诚信物资公司 纳税人识别号：002122677 地 址、电 话：安阳市西马路 43 号 开户行及账号：工行安阳市支行 104505855	密码区	

货物或应税劳务名称	规格型号	单位	数量	单价	金额	税率	税额
甲产品		件	10	15 000	150 000.00	17%	25 500.00
合　计					150 000.00		25 500.00
价税合计（大写）	壹拾柒万伍仟伍佰零拾零元零角零分				（小写）	¥175 500.00	

销货单位	名　　称：华润标准件厂 纳税人识别号：21108631978 地址、电话：石家庄市世纪大道 28 号 开户行及账号：工行 130403080117	备注	

收款人：　　复核：　　开票人：　　销货单位：（章）

华润标准件厂
发票专用章

第三联：记账联 销货方记账凭证

凭 1-7-2

公路、内河货物运输业统一发票

发　票　联

发票代码：
发票号码：

开票日期：2011 年 9 月 11 日

机打代码： 机打号码： 机器编号：	313000752001 0050312 98991001121	税控码	
收货人及纳税人识别号	诚信物资公司 002122677	承运人及纳税人识别号	
发货人及纳税人识别号	华润标准件厂 21108631978	主管税务机关及代码	

运输项目及金额	货物名称	数量	运价	里程	金额	其他项目及金额	项目	金额	备注
	甲产品	10 件	150	0.00	1 500.00				
运费小计：						其他费用小计：			
会计（大写）：	壹仟伍佰元整					（小写）¥1 500.00			

承运人盖章：石家庄市联运公司财务专用章　　开票人：张静

第一联：发票联 付款方记账凭证

（手写无效）

凭 1-7-3

中国工商银行
转账支票存根

支票号码 0010158

附加信息____________________

____

出票日期：2011年9月11日

收款人：	石家庄市联运公司
金　额：	1 500.00
用　途：	代垫运费

单位主管　　　　会计

凭 1-7-4

邮　中国工商银行**托收承付凭证**（回单）

第 126 号

委托日期：2011 年 9 月 11 日　　　　托收号码：0246

<table>
<tr><td rowspan="3">付款人</td><td>全　称</td><td>诚信物资公司</td><td rowspan="3">收款人</td><td>全　称</td><td colspan="3">华润标准件厂</td></tr>
<tr><td>账号或地址</td><td>104505855</td><td>账号或地址</td><td colspan="3">130403080117</td></tr>
<tr><td>开户银行</td><td>工行安阳市支行</td><td>开户银行</td><td>工行世纪大道办事处</td><td>行号</td><td></td></tr>
</table>

托收金额	千	百	十	万	千	百	十	元	角	分
人民币（大写）：壹拾柒万柒仟零佰零拾零元零角零分		¥	1	7	7	0	0	0	0	0

<table>
<tr><td colspan="2">附　件</td><td>商品发运情况</td><td>合同名称号码</td></tr>
<tr><td>附寄单证张数或册数</td><td>2</td><td>已发运</td><td>货物购销合同</td></tr>
<tr><td colspan="2">备 注：
代垫运费 1 500.00</td><td>款项收妥日期
年　月　日</td><td>中国工商银行
世纪大道办事处
业务章
（收款单位开户行盖章）2011 年 9 月 11 日</td></tr>
</table>

凭 1-8-1

付款期限 壹个月

中国工商银行银行汇票（2）

汇票号码 DY01154
第 105 号

出票日期（大写）	贰零零捌年玖月拾贰日	代理付款行：工行世纪办	行号：468
收款人：宝山钢铁厂		账号：051030323191	
出票金额人民币（大写）：贰拾万元整			
实际结算金额	人民币（大写）		千 百 十 万 千 百 十 元 角 分
汇款人：		账号：	
签发行： 行号：		多余金额	左列退回多余金额已收入你账户内。
汇款用途：		百 十 万 千 百 十 元 角 分	
签发行盖章 年 月 日			复核 记账

凭 1-8-2

中国工商银行汇票委托书（存根） ① No.051205

委托日期 年 月 日

汇款人				收款人	
账 号 或住址				账 号 或住址	
兑付地点	省 市/县	兑付行		汇款用途	
汇 款 金 额	人民币 （大写） ¥____________				
备注：				科目：____________ 对方科目：____________ 主管： 复核： 经办：	

凭 1-9-1

石家庄市和平医院门诊费用收据

No. 1031205

姓名：张玲

费别	金额	费别	金额
西药	346.00	注射	
中药		治疗	
检查	50.00	输血	
化验	184.00	输氧	
合计：伍佰捌拾元整			

凭 1-9-2

华润标准件厂医药费报销单

2011 年 9 月 12 日

姓名	张玲	工作部门	行政科		
单据张数	1	金额	580.00	报销比率	80%
应补助金额		464.00	自费金额	116.00	
金额（大写）肆佰陆拾肆元整					

批准人：张佳利　　审核人：张小梅　　部门主管：李晓峰　　经手人：张玲

凭 1-10-1

华润标准件厂借 款 单（记账）

2011 年 9 月 14 日　　顺序　　号

借款单位	采购部	姓名	刘海平	出差地点	天津
				天数	4
事由	参加展览会		借款金额	（大写）壹千元整　¥ 1000.00	
单位负责人签章	张佳利	借款人签章	刘海平	注意事项	必须由借款人本人填写。 必须由单位负责人签章。 出差返回后七日内结算。
授权人批示	同意	审核意见		同意	

凭 1-11-1

中华人民共和国

税收转账专用完税证（国）

填发日期：2011 年 9 月 15 日　　　（20051）冀国转电　　　00798125 号

预算科目	款项		缴款单位（人）	代码	
				全称	华润标准件厂
	级次			开户银行	工商银行世纪大道办事处
收款国库				账号	130403080117
税款所属时期 2011 年 8 月 1 日至 31 日			税款限缴日期 2011 年 9 月 15 日		

品目名称	课税数量	计税金额或销售收入	税率或单位税额	已缴或扣除额	实缴税额										
					亿	千	百	十	万	千	百	十	元	角	分
增值税		20000.00	17%							3	4	0	0	0	0
金额合计（大写）：叁仟肆佰元整								¥3 400.00							

税务机关	代办银行（邮局）	填票人	备注	
（盖章）	（盖章）	（盖章）		

此凭证仅作完税凭证，此外无效

凭 1-11-2

中华人民共和国 **地**

税收通用完税证

（200604）冀地完电：　　　No. 00456758

注册类型：其他有限公司　　　填发日期：2011 年 9 月 15 日　　　征税机关：石家庄市新华地税局

纳税人代号	21108631978		地址	石家庄市世纪大道 28 号		
纳税人名称	华润标准件厂		税款所属时期	2011 年 8 月 1 日至 31 日		
税种	品目名称	课税数量	计税金额或销售收入	税率或单位税额	已缴或扣除额	实缴金额
城市维护建设税	增值税		3400.00	7%		238.00
教育费附加	增值税		3400.00	3%		102.00
金额合计	（大写）叁佰肆拾元整		¥340.00			
税务机关（盖章）	委托代征单位（盖章）		填票人（章）	备注	税票号： 操作员：	

第二联（收据）交纳税人作完税凭证

凭 1-12-1

河北省石家庄市广告业统一发票

（印章：河北省财政厅 票据印制章）

No.96041926

缴款单位
或个人姓名：华润标准件厂　　2011 年 9 月 17 日

收费项目	计量单位	数　量	单　价	金额 千	百	十	万	千	百	十	元	角	分
广告费								2	0	0	0	0	0
合计金额（大写）：贰仟元整			￥2 000.00										

（印章：大地广告公司 财务专用章）

第二联 收据

凭 1-12-2

中国工商银行
转账支票存根

支票号码　0010159

附加信息

出票日期：　　年　　月　　日

收款人：	
金　额：	
用　途：	

单位主管　　　　会计

凭 1-13-1

邮 **中国工商银行托收承付凭证（收款通知）**

第 126 号

委托日期：2011 年 9 月 11 日　　到期 2011 年 9 月 21 日　　托收号码：0246

<table>
<tr><td rowspan="3">付款人</td><td>全　称</td><td>诚信物资公司</td><td rowspan="3">收款人</td><td>全　称</td><td colspan="13">华润标准件厂</td></tr>
<tr><td>账号或地址</td><td>104505855</td><td>账号或地址</td><td colspan="13">130403080117</td></tr>
<tr><td>开户银行</td><td>工行安阳市支行</td><td>开户银行</td><td colspan="2">工行世纪大道办事处</td><td>行号</td><td colspan="10"></td></tr>
<tr><td rowspan="2">托收金额</td><td colspan="4" rowspan="2">人民币（大写）：壹拾柒万柒仟零佰零拾零元零角零分</td><td colspan="3"></td><td>千</td><td>百</td><td>十</td><td>万</td><td>千</td><td>百</td><td>十</td><td>元</td><td>角</td><td>分</td></tr>
<tr><td colspan="3"></td><td></td><td>¥</td><td>1</td><td>7</td><td>7</td><td>0</td><td>0</td><td>0</td><td>0</td><td>0</td></tr>
<tr><td colspan="2">附　件</td><td colspan="2">商品发运情况</td><td colspan="14">合同名称号码
中国工商银行
世纪大道办事处
转讫</td></tr>
<tr><td>附寄单证张数或册数</td><td>2</td><td colspan="2">已发运</td><td colspan="14">货物购销合同</td></tr>
<tr><td colspan="2">备注：
工行安阳市支行
付讫</td><td colspan="2">款项收妥日期
2011 年 9 月 21 日</td><td colspan="14">（收款单位开户行盖章）2011 年 9 月 21 日</td></tr>
</table>

凭 1-14-1

中国工商银行空白凭证领用单（代缴费回单）

2011 年 9 月 21 日

购买单位：华润标准件厂　　No：093678

账号：

<table>
<tr><td colspan="4">凭证种类</td><td rowspan="3">数量</td><td rowspan="3">单价</td><td rowspan="3">金额</td></tr>
<tr><td rowspan="2">每本页数</td><td colspan="2">起止号码</td><td rowspan="2">名称</td></tr>
<tr><td>起号</td><td>止号</td></tr>
<tr><td></td><td></td><td></td><td>现金支票</td><td>2</td><td>20</td><td>40.00</td></tr>
<tr><td></td><td></td><td></td><td>转账支票</td><td>2</td><td>15</td><td>30.00</td></tr>
<tr><td></td><td></td><td></td><td>托收凭证</td><td>2</td><td>5</td><td>10.00</td></tr>
<tr><td></td><td></td><td></td><td></td><td></td><td></td><td></td></tr>
<tr><td>合计</td><td></td><td></td><td></td><td></td><td></td><td>80.00</td></tr>
<tr><td colspan="7">人民币（大写）捌拾元整</td></tr>
</table>

凭 1-15（略）

凭 1-16-1

付款期限 壹个月

中国工商银行银行汇票（3）

汇票号码 DY01154
第 105 号

出票日期（大写）	贰零零捌年零玖月贰拾伍日	代理付款行：工行世纪大道办事处	行号：468
收款人：宝山钢铁厂		账号：051030323191	
出票金额人民币（大写）：贰拾万元整			

实际结算金额	人民币（大写）	千	百	十	万	千	百	十	元	角	分
	壹拾柒万伍仟伍佰元整		¥	1	7	5	5	0	0	0	0

汇款人：华润标准件厂	账号：130403080117									
签发行： 行号：	多余金额									左列退回多余金额已收入你账户内。
汇款用途：	百	十	万	千	百	十	元	角	分	
签发行盖章		¥	2	4	5	0	0	0	0	复核 记账

中国工商银行
世纪大道办事处
2011年9月12日
转讫

凭 1-16-2

山西省增值税专用发票

发 票 联

No. 696688001X

开票日期：2011 年 9 月 25 日

购货单位	名 称	华润标准件厂	纳税人登记号	21108631978
	地址、电话	石家庄市世纪大道28号	开户银行及账号	工行世纪大道办 130403080117

商品或劳务名称	计量单位	数量	单价	金额 百	十	万	千	百	十	元	角	分	税率（%）	税额 百	十	万	千	百	十	元	角	分
圆钢	吨	50	3000		1	5	0	0	0	0	0	0	17			2	5	5	0	0	0	0
合 计					1	5	0	0	0	0	0	0				2	5	5	0	0	0	0
价税合计（大写）	壹拾柒万伍仟伍佰零拾零元零角零分																					

销货单位	名 称	宝山钢铁厂	纳税人登记号	020108088666
	地址、电话	20312040	开户银行及账号	工行和办 213088030819

第二联：发票联 购货方记账

凭 1-17-1

石家庄市企业单位统一收据

全国统一发票监制章 冀石家庄市 地方税务局监制

2011 年 9 月 25 日

交款单位 李洪涛

人民币（大写）陆佰元整 ￥600.00

系　　付 废品款

③ 记账联

华润标准件厂 财务专用章

现　金	√
支　票	
付　委	

收款单位（盖章有效）　　财务 李子浩　　经手人 杨利明

凭 1-18-1

华润标准件厂**出差报销单**

2011 年 9 月 27 日

姓　　名	刘海平		工作部门	采购部	出差日期	9 月 16—20 日
出差事由	参加展览会		出差地点	天津	往返天数	5 天
发生费用	交通费	住宿费		伙食补贴	其　他	合　　计
	800.00	960.00		300.00	1 100.00	3 160.00
合　　计	800.00	960.00		300.00	1 100.00	3 160.00
	人民币（大写）叁仟壹佰陆拾元整					
预借金额	3000.00		应退金额		应补金额	160.00

批准人：张佳利　　审核人：张小梅　　部门主管：李晓峰　　出差人：刘海平

凭 1-19-1

石家庄市饮食业定额发票

发　票　联

[redacted]

防伪检测区

发票代码：2133040870013

发票号码：00218201

密　　码：[redacted]

付款单位（个人）

贰佰元　　￥：200.00

收款单位（盖章有效）　　开票日期　　年　　月　　日

第二联 发票联

凭 1-19-2

中国工商银行
转账支票存根

支票号码 0010160

附加信息

出票日期： 年 月 日

收款人：	
金 额：	
用 途：	

单位主管 会计

凭 1-20-1

中国工商银行对账单

单位名称：华润标准件厂

账号：130403080117 2011年9月30日

2011年		摘要	结算凭证		借方	贷方	余额
月	日		种类	号码			
9	1						296 400
	3		现支	012501	5 000		
	5		转支	010153	93 600		
	8		转支	010154	101 370.8		
	8		转支	010155	16 834		
	8		转支	010156	33 668		
	8		转支	010157	13 467.2		
	10		进账单	339466		500 000	
	11		转支	010158	1 500		
	12		委托书	051205	200 000		
	15		税收缴款书	302345	3 400		
	17		转支	010159	2 000		
	21		托收承付凭证	112001		177 000	
	25		银行汇票	01154		24 500	
	28		委托收款凭证	403671		80 000	
	30		无承付付款通知	203189	5 800		
	30	合计			474 640	781 500	603 260

附 1-1：

银行存款余额调节表

2011 年 9 月 30 日

项目	金额	项目	金额
银行对账单余额 加： 减：		企业银行存款日记账余额 加： 减：	
调整后余额		调整后余额	

附 1-2：以下两张凭证华润机械厂尚未收到

委邮　中国工商银行**委托收款**凭证（收账通知）

No：403671

托收日期：2011 年 9 月 21 日

<table>
<tr><td rowspan="3">付款人</td><td>全　称</td><td>龙发工厂</td><td rowspan="3">收款人</td><td colspan="4">全　称</td><td colspan="6">华润机械厂</td></tr>
<tr><td>账号或地址</td><td>40410604566</td><td colspan="4">账号或地址</td><td colspan="6">130403080117</td></tr>
<tr><td>开户银行</td><td>丰采路办事处</td><td colspan="4">开户银行</td><td colspan="6">工行世纪大道办事处</td></tr>
<tr><td rowspan="2">托收金额</td><td colspan="3" rowspan="2">人民币（大写）：捌万元整</td><td>千</td><td>百</td><td>十</td><td>万</td><td>千</td><td>百</td><td>十</td><td>元</td><td>角</td><td>分</td></tr>
<tr><td></td><td></td><td>¥</td><td>8</td><td>0</td><td>0</td><td>0</td><td>0</td><td>0</td><td>0</td></tr>
<tr><td colspan="2">备注：中国工商银行 世纪大道办事处 转讫</td><td colspan="2">上列款项已由付款人开户银行全额划回收入你方账户。
此致！
收款人
（收款人开户行盖章）　月　日</td><td colspan="10">科目：
对方科目：
转账日期：2011 年 9 月 28 日
单位主管：　　会计：
复核：　　记账：</td></tr>
</table>

无承付期委托收款凭证（付款通知）

No：203189

委托日期 2011 年 9 月 30 日

<table>
<tr><td rowspan="3">付款人</td><td>全称</td><td colspan="3">华润机械厂</td><td rowspan="3">收款人</td><td>全称</td><td colspan="3">邯郸市网通公司</td></tr>
<tr><td>账号</td><td colspan="3">130403080117</td><td>账号</td><td colspan="3"></td></tr>
<tr><td>地址</td><td>邯郸市、县</td><td>开户行</td><td>工行</td><td>地址</td><td>市、县</td><td>开户行</td><td>工行</td></tr>
</table>

<table>
<tr><td rowspan="2">金额</td><td rowspan="2">人 民 币（大写）：伍仟捌佰元整</td><td>百</td><td>十</td><td>万</td><td>千</td><td>百</td><td>十</td><td>元</td><td>角</td><td>分</td></tr>
<tr><td></td><td></td><td>¥</td><td>5</td><td>8</td><td>0</td><td>0</td><td>0</td><td>0</td></tr>
</table>

<table>
<tr><td rowspan="2">款项内容</td><td>国际次数</td><td>国际电话</td><td>国内次数</td><td>国内电话</td><td>附加费</td><td>清单服务费</td><td>手续费</td></tr>
<tr><td></td><td></td><td></td><td></td><td></td><td></td><td></td></tr>
<tr><td>联系电话</td><td colspan="2"></td><td>合同名称号码</td><td colspan="4"></td></tr>
</table>

六、实训报告

________________________实训报告

<table>
<tr><td>实训项目</td><td colspan="4"></td><td>成绩</td><td></td></tr>
<tr><td>专业、年级</td><td colspan="3"></td><td>指导教师</td><td colspan="2"></td></tr>
<tr><td>报告人</td><td></td><td>学号</td><td></td><td>实训学时</td><td colspan="2"></td></tr>
<tr><td>实训日期</td><td colspan="3"></td><td>实训地点</td><td colspan="2"></td></tr>
<tr><td>实训目的</td><td colspan="6"></td></tr>
<tr><td>实训内容</td><td colspan="6"></td></tr>
<tr><td>实训要求</td><td colspan="6"></td></tr>
<tr><td>实训存在的问题及解决方法</td><td colspan="6"></td></tr>
<tr><td>实训体会及建议</td><td colspan="6"></td></tr>
<tr><td>实训评价</td><td colspan="6"></td></tr>
</table>

模块二 固定资产、材料会计岗位实训

一、岗位职责

（1）会同有关部门拟定固定资产核算与管理办法，拟定材料核算与管理办法。

（2）制定固定资产目录，建立固定资产台账，严格固定资产购建、修理、报废、处置等方面的办理手续，加强固定资产增减的日常核算与监督。

（3）协同主管人员确定固定资产会计政策，选择折旧方法，掌握折旧范围，准确计提折旧。

（4）严格材料收发业务原始凭证审核，计算材料采购成本和发出成本，进行材料收入、发出、结存明细核算和定期报告。

（5）协同有关部门对固定资产和材料进行定期清查，按规定的报批程序，办理盘盈、盘亏的审批手续，并进行相应的账务处理。

（6）期末对固定资产和材料进行价值检测，计提资产减值准备。

二、实训目的

通过本岗位实训，熟悉固定资产和材料方面的管理制度，了解固定资产增加的来源和减少的原因，了解材料的收发手续，掌握固定资产增减及折旧核算的方法与操作技能，掌握材料收发及结存业务的核算与操作技能。

三、实训业务

1. 公司概况

公司名称：新华包装机械厂

公司地址：石家庄市富强路 128 号

法人代表：李民增

注册资金：500 万

开户银行：石家庄市工商银行中华路办事处

账　　号：130403070918

纳税人登记号：21108691936

该厂为一般纳税人。原材料采用实际成本核算，发出材料成本采用先进先出法计算；固定资产折旧采用平均年限法计提。

2. 2011年9月初有关账户余额

表 2-1 总账期初余额（部分）

总账账户	期初余额
原材料	690 000
固定资产	3 368 000
累计折旧	980 000

表 2-2 明细账期初余额（部分）

明细账户	数量（千克）	单价（元）	期初余额
A 材料	5 000	90	450 000
B 材料	3 000	80	240 000

表 2-3 固定资产登记簿资料

单位：元

<table>
<tr><th colspan="3">项目</th><th>8月30日期末余额</th></tr>
<tr><td rowspan="14">在用</td><td rowspan="3">基本生产车间</td><td>房屋建筑物</td><td>420 000</td></tr>
<tr><td>机器设备</td><td>538 000</td></tr>
<tr><td>小计</td><td>958 000</td></tr>
<tr><td rowspan="3">机修车间</td><td>房屋建筑物</td><td>150 000</td></tr>
<tr><td>机器设备</td><td>250 000</td></tr>
<tr><td>小计</td><td>400 000</td></tr>
<tr><td rowspan="3">供汽车间</td><td>房屋建筑物</td><td>450 000</td></tr>
<tr><td>机器设备</td><td>400 000</td></tr>
<tr><td>小计</td><td>850 000</td></tr>
<tr><td rowspan="2">专设销售机构</td><td>房屋建筑物</td><td>150 000</td></tr>
<tr><td>小计</td><td>150 000</td></tr>
<tr><td rowspan="3">厂部管理机构</td><td>房屋建筑物</td><td>840 000</td></tr>
<tr><td>机器设备</td><td>110 000</td></tr>
<tr><td>小计</td><td>950 000</td></tr>
<tr><td colspan="2">不需用——机器设备</td><td></td><td>60 000</td></tr>
<tr><td colspan="2">合计</td><td></td><td>3 368 000</td></tr>
</table>

注：年折旧率：房屋建筑物为3.5%，机器设备为9.8%。

3. 2011年9月份发生的经济业务

（1）2日，从松辽机械厂购入一台不需安装的KY-2型设备，价款50 000元，增值税进项税额8 500元，运费1 500元，款项全部付清，基本生产车间已经验收。

（2）5日，从本市隆盛物资公司购入A材料500千克，签发转账支票一张，支付款项共计56 160元，其中价款48 000元，增值税8 160元，材料已验收入库。另以现金800元支付运费。

（3）7 日，从太州市天明钢铁厂购入 B 材料 1 000 千克，收到银行转来结算凭证及发票运单，结算金额总计 107 000 元，其中价款 90 000 元，增值税额 15 300 元，运费 1 700 元。审核后予以承付，但材料未运到。

（4）11 日，上述 B 材料运达并验收入库。

（5）13 日，基本生产车间生产甲产品领用 A 材料 1 500 千克，领用 B 材料 1 000 千克；机修车间一般性管理领用 A 材料 50 千克。

（6）14 日，根据购货合同规定，预付给本市荣事达物资公司 A 材料购货定金 50 000 元，已开出转账支票。

（7）15 日，从本市光华机械厂购入生产用新机床一台，价值 160 000 元，增值税进项税额 27 200 元，以转账支票付讫，机床已运回，投入安装。

（8）17 日，以库存现金 2 800 元支付大华机电安装公司新机床的安装费，安装完毕交付基本生产车间使用，预计使用 15 年。

（9）21 日，收到了 14 日已预付货款的 A 材料，并已验收入库。增值税发票注明：价款总计 70 000 元，增值税 11 900 元；其余款项尚未支付。

（10）23 日，基本生产车间生产乙产品领用 A 材料 2 500 千克，领用 B 材料 2 000 千克；机修车间领用 A 材料 250 千克，供汽车间和厂部管理机构领用 B 材料分别为 150 千克和 50 千克，均用于一般性管理。

（11）24 日，公司将不需用的机器设备一台报废，该机器设备账面原值为 60 000 元，已提折旧 57 000 元，预计使用 10 年，已用 9.5 年，以现金支付清理费 900 元，取得变价收入 1 500 元，款项已收存银行。

（12）25 日，从外地购入 B 材料 2 000 千克，材料已验收入库，但发票账单等收据尚未收到，货款未付。

（13）26 日，经盘点，发现 A 材料锈蚀 40 千克，B 材料短缺 30 千克，原因待查。

（14）27 日，委托市联华汽车修理厂对厂部汽车进行维修，以转账支票支付修理费 1 800 元。

（15）29 日，查明 A 材料锈蚀因库房潮湿引起，计入管理费用；B 材料短缺属于被盗，由仓库保管员杨少华赔偿 80%，其余 20%计入管理费用。

（16）31 日，某企业仍未收到 25 日已验收入库 B 材料的货款结算凭证，按合同价暂估入账，该批材料的合同价为 180 000 元。

（17）计提本月份固定资产折旧（按月初提供的资料计提）。

四、实训要求

（1）补充填写有关原始凭证。

（2）根据发生的经济业务编制记账凭证。

（3）开设“在建工程”、“固定资产”、“累计折旧”、“原材料”、“在途物资”总账，并进行登记。

（4）开设“固定资产”、“原材料”明细账，并进行登记。

（5）编写实训报告。

五、实训资料

凭 2-1-1

6601300502　　辽宁省增值税专用发票　　No. 60198687

发票联

开票日期：2011 年 12 月 5 日

购货单位	名称：新华包装机械厂 纳税人识别号：21108691936 地址、电话：石家庄市富强路 128 号 开户行及账号：工行中华路办事处 130403070918				密码区			
货物或应税劳务名称	规格型号	单位	数量	单价	金额	税率	税额	
设备	KY-2	台	1	50 000	50 000.00	17%	8 500.00	
合计					￥50 000.00		￥8 500.00	
价税合计（大写）	伍万捌仟伍佰零拾零元零角零分　（小写）￥58 500.00							
销货单位	名称：松辽机械厂 纳税人识别号：0102346 地址、电话：松辽市中山路 130 号 开户行及账号：510642521				备注			

收款人：　　复核：　　开票人：　　销货单位：（章）　松辽机械厂 发票专用章

国税函[2011] 1321 号北京印钞厂

第二联：发票联 购货方记账凭证

凭 2-1-2

固定资产验收单

2011 年 9 月 2 日

固定资产名称	型号	制造厂	原值				
			买进	运杂费	安装费	其他	合计
设备	KY-2	松辽机械厂	58 500	1 500			60 000
预计净残值率		预计使用年限		年折旧率		月折旧率	
5%		10 年		9.5%		0.79%	
验收意见	合格，交生产使用	主管部门		使用部门	基本生产车间	财会部门	

凭 2-1-3

松辽铁路局货物运费收据

No：07568

购货单位：新华包装机械厂　　　　2011 年 9 月 2 日

发站	松辽	到站	邯郸	车种车号
托运人名称及地址	松辽机械厂			
收货人名称及地址	河北石家庄市新华包装机械厂			
类别	费率	数量	金额	附记
运费				
货物名称	件数	包装	重量	计费金额
KY-2 型设备	1		1.5 吨	1 500.00
合计（大写）	壹仟伍佰元整			￥1 500.00
收款单位：松辽火车站货运部				经办人：

凭 2-1-4

中国工商银行**电汇凭证**（回单）

第　　号

委托日期：　　年　　月　　日　　　　　　应解汇款编号

汇款人	全称			收款人	全称			
	账号或地址				账号或地址			
	汇出地点		汇出行名称		汇入地点		汇出行名称	

金额	人民币（大写）：	千	百	十	万	千	百	十	元	角	分

汇款用途：	留行待取预留收款人印鉴

款项已收入收款人账户 汇入行盖章 年　月　日	款项已收妥 收款人盖章 年　月　日	账户（借） 对方账户（贷） 汇入行解汇日期　年　月　日 复核：　　出纳： 记账：

凭 2-2-1

1013005065　　河北省增值税专用发票　　No. 01986985

发票联　　开票日期：2011年12月5日

国税函[2011] 1321号北京印钞厂

购货单位	名称：新华包装机械厂 纳税人识别号：21108691936 地址、电话：石家庄市富强路128号 开户行及账号：工行中华路办事处 130403070918			密码区			
货物或应税劳务名称	规格型号	单位	数量	单价	金额	税率	税额
A材料		千克	500	96	48 000.00	17%	8 160.00
合计					￥48 000.00		￥8 160.00
价税合计（大写）	伍万陆仟壹佰陆拾零元零角零分　（小写）￥56 160.00						
销货单位	名称：隆盛物资公司 纳税人识别号：21108603078 地址、电话：3120403 开户行及账号：工行和办 13040381107			备注			

第二联：发票联 购货方记账凭证

收款人：　　复核：　　开票人：　　销货单位：（章）

石家庄市隆盛物资公司
发票专用章

凭 2-2-2

中国工商银行
转账支票存根

支票号码　200141

附加信息

出票日期：2011年9月5日

收款人：	隆盛物资公司
金　额：	56 160.00
用　途：	购材料

单位主管　　　　会计

凭 2-2-3

收 料 单

材料科目：原材料　　　　　　　　　　　　　　编号：101

材料类别：原料及主要材料　　　　　　　　　　收料仓库：1号仓库

供应单位：隆盛物资公司　　2011年9月5日　　发票号码：01986

编号	名称	计量单位	数量		实际价格			
			应收	实收	单价	发票金额	运费	合计
105	A材料	千克	500	500	96	48 000	744	48 744
备注								

采购员：张英　　　　检验员：魏强　　　　记账员：王连香　　　　保管员：杨少华

凭 2-2-4

公路、内河货物运输业统一发票

发 票 联

发票代码：011230478567

发票号码：006521

开票日期：2011年9月5日

机打代码： 机打号码： 机器编号：	313000752016 02303101 98991003124	税控码	
收货人及纳税人识别号	新华包装机械厂 21108691936	承运人及纳税人识别号	隆盛物资公司 21108603078
发货人及纳税人识别号		主管税务机关及代码	石家庄市新华地税局
运输项目及金额	货物名称　数量　运价　里程　金额 A材料　500　1.6　　800.00	其他项目及金额	项目　金额
备注			
运费小计：	¥800.00	其他费用小计：	¥0.00
会计（大写）：	捌佰元整	（小写）¥800.00	

第一联：发票联 付款方记账凭证（手写无效）

承运人盖章：石家庄市联运公司财务专用章　　　　开票人：李利

凭 2-3-1

1013005065　　山东省增值税专用发票　　No. 098573

发　票　联

开票日期：2011 年 12 月 5 日

购货单位	名　　称：新华包装机械厂 纳税人识别号：21108691936 地 址、电 话：石家庄市富强路 128 号 开户行及账号：工商银行中华路办事处 130403070918			密码区			
货物或应税劳务名称	规格型号	单位	数量	单价	金额	税率	税额
B 材料		千克	1000	90	90 000.00	17%	15 310.00
合　计					￥90 000.00		￥15 310.00
价税合计（大写）	壹拾万伍仟叁佰壹拾零元零角零分　（小写）￥105 310.00						
销货单位	名　　称：太州市天明钢铁厂 纳税人识别号：603171811 地 址、电 话：太州市通山路 166 号 开户行及账号：806036918			备注			

收款人：　　复核：　　开票人：　　销货单位：（章）

天明钢铁厂
发票专用章

国税函[2011] 1321 号北京印钞厂

第二联：发票联　购货方记账凭证

凭 2-3-2

公路、内河货物运输业统一发票

发 票 联

发票代码：300211234207

发票号码：80020141

开票日期：2011 年 9 月 7 日

机打代码： 机打号码： 机器编号：	313123752016 0000310 12341003124	税控码	
收货人及纳税人识别号	新华包装机械厂 21108691936	承运人及纳税人识别号	太州运输公司 21108603078
发货人及纳税人识别号		主管税务机关及代码	石家庄市新华地税局

运输项目及金额

货物名称	数量	运价	里程	金额
B材料	1 000	1.5		1 500

其他项目及金额

项目	金额
	200.00

备注：

运费小计：	¥1 500.00	其他费用小计：	¥200.00
合计（大写）：	壹仟柒佰元整	（小写）	¥1 700.00

第一联：发票联 付款方记账凭证（手写无效）

承运人盖章：太州市运输公司财务专用章

开票人：

凭 2-3-3

邮 中国工商银行**托收承付凭证** （付账通知）

第 80386 号

托收号码：101205

承付期限
到期 2011 年 9 月 7 日

委托日期：2011 年 9 月 3 日

付款人	全称	石家庄市新华包装机械厂	收款人	全称	太州市天明钢铁厂
	账号或地址	130403070918		账号	806036918
	开户银行	石家庄市工行中华路办事处		开户银行	太州市工行通山路办事处

托收金额	人民币（大写）：壹拾万伍仟叁佰元整	千	百	十	万	千	百	十	元	角	分
			¥	1	0	5	3	0	0	0	0

附件		商品发运情况	合同名称号码
附寄单证张数或册数	2 张	已发出	DX 20986

备注：

中国工商银行
中华路办事处
转讫

付款人注意：

1. 根据结算办法规定，上列托收款项，在承付期限内未拒付时，即视同全部承付，如系全额支付即以此联代支款通知；如遇延付或部分支付时，再由银行另送延付或部分支付的支款通知。
2. 如需提前承付或多承付时，应另写书面通知送银行办理。
3. 如系全部或部分拒付，应在承付期限内另填拒绝承付理由书送银行办理。

单位主管 会计 复核 记账 付款人开户银行盖章

太州市工行通山路办事处
付讫

凭 2-4-1

收料单

材料科目：原材料　　编号：201

材料类别：原料及主要材料　　收料仓库：2 号库

供应单位：太州市天明钢铁厂　2011 年 9 月 11 日　　发票号码：098573

编号	名称	计量单位	数量		实际价格			
			应收	实收	单价	发票金额	运费	合计
202	B 材料	千克	1 000	1 000	90	90 000	1 581	91 581
备注								

采购员：张英　　检验员：魏强　　记账员：王莲香　　保管员：杨少华

凭 2-5-1

领料单

字第 08210 号

领料部门：基本生产车间　　用途：生产甲产品　　2011 年 9 月 13 日

编号	名称	计量单位	数量		单价	金额
			请领	实领		
101	A 材料	千克	1 500	1 500	90	135 000
201	B 材料	千克	1 000	1 000	80	80 000
合计						215 000
物料号码	备注：					

领料部门负责人：华静　　领料人：马明　　记账员：王莲香　　保管员：杨少华

凭 2-5-2

领料单

字第 08211 号

2011 年 9 月 13 日

领料部门：机修车间　　用途：一般管理

编号	名称	计量单位	数量		单价	金额
			请领	实领		
101	A 材料	千克	50	50	90	4 500
合计						4 500
物料号码	备注：					

领料部门负责人：关建　　领料人：苗圃　　记账员：王莲香　　保管员：杨少华

凭 2-6-1

中国工商银行
转账支票存根

支票号码　200142

附加信息

出票日期：2011年9月5日

收款人：
金　额：
用　途：

单位主管　　会计

凭 2-7-1

1013004578　　河北省增值税专用发票　　No. 01942157

发 票 联

（印章：全国统一发票监制章 河北 国家税务总局监制）

开票日期：2011 年 9 月 15 日

购货单位	名　　称：新华包装机械厂 纳税人识别号：21108691936 地 址、电 话：石家庄市富强路 128 号 开户行及账号：工行中华路办事处 130403070918	密码区	

货物或应税劳务名称	规格型号	单位	数量	单价	金额	税率	税额
机床		台	1	160 000	160 000.00	17%	27 200.00
合　计					￥160 000.00		￥27 200.00
价税合计（大写）	壹拾捌万柒仟贰佰零拾零元零角零分				（小写）￥187 200.00		

销货单位	名　　称：石家庄市光华机械厂 纳税人识别号：21108603078 地 址、电 话：83120403 开户行及账号：工行和办　130403081107	备注	

收款人：孙华英　　复核：　　开票人：肖笑　　销货单位：（章）

石家庄市光华机械厂
发票专用章

国税函[2011] 1321 号北京印钞厂

第二联：发票联 购货方记账凭证

凭 2-7-2

中国工商银行
转账支票存根

支票号码　200143

附加信息

出票日期：　　年　　月　　日

收款人：
金　额：
用　途：

单位主管　　　　会计

凭 2-8-1

全国统一发票监制章
冀石家庄市
地方税务局监制

石家庄市企业单位统一收据

2011 年 9 月 17 日

交款单位 石家庄市新华包装机械厂

人民币（大写） 贰仟捌佰元整 ¥2 800.00

③ 记账联

系　付 产品安装费

大华机电安装公司
财务专用章

现 金	√
支 票	
付 委	

收款单位（盖章有效）　　财务 朱顺　　经手人 赵东华

凭 2-9-1

收 料 单

材料科目：原材料　　　　编号：102
材料类别：原料及主要材料　　　　收料仓库：1 号库
供应单位：荣事达物资公司　2011 年 9 月 23 日　　　　发票号码：108935

编号	名称	计量单位	数量		实际价格			
			应收	实收	单价	发票金额	运费	合计
102	A 材料	千克	700	700	100	70 000		70 000
备注								

采购员：张英　　检验员：魏强　　记账员：王连香　　保管员：杨少华

凭 2-9-2

1013007854　　河北省增值税专用发票　　No. 01452357

发票联

开票日期：2011 年 9 月 23 日

购货单位	名称：新华包装机械厂 纳税人识别号：21108691936 地址、电话：石家庄市富强路 128 号 开户行及账号：工行中华路办事处 130403070918	密码区					
货物或应税劳务名称	规格型号	单位	数量	单价	金额	税率	税额
A 材料		千克	700	100	70 000.00	17%	11 900.00
合计					￥70 000.00		￥11 900.00
价税合计（大写）	捌万壹仟玖佰零拾零元零角零分　（小写）￥81 900.00						
销货单位	名称：石家庄市荣事达物资公司 纳税人识别号：31105603158 地址、电话：81261271 开户行及账号：工行和办 330443080117	备注					

收款人：　　复核：　　开票人：　　销货单位：（章）

荣事达物资公司
发票专用章

国税函[2011] 1321 号北京印钞厂

第二联：发票联 购货方记账凭证

凭 2-10-1

领 料 单

字第 08212 号

领料部门：基本生产车间　　用途：生产乙产品　　2011 年 9 月 23 日

编号	名称	计量单位	数量		单价	金额
			请领	实领		
101	A 材料	千克	2 500	2 500	90	225 000
201	B 材料	千克	1 000	1 000	80	167 020
合计						392 020
物料号码	备注：					

领料部门负责人：华静　　领料人：马明　　记账员：王莲香　　保管员：杨少华

凭 2-10-2

领料单

字第 08213 号

领料部门：机修车间　　用途：一般管理　　2011 年 9 月 23 日

编号	名称	计量单位	数量		单价	金额
			请领	实领		
101	A 材料	千克	250	250	90	22 500
合计						22 500
物料号码	备注：					

领料部门负责人：关建　　领料人：苗圃　　记账员：王莲香　　保管员：杨少华

凭 2-10-3

领料单

字第 08214 号

领料部门：供气车间　　用途：一般管理　　2011 年 9 月 23 日

编号	名称	计量单位	数量		单价	金额
			请领	实领		
201	B 材料	千克	150	150	80	12 000
合计						12 000
物料号码	备注：					

领料部门负责人：黎明　　领料人：李莉　　记账员：王莲香　　保管员：杨少华

凭 2-10-4

领料单

字第 08215 号

领料部门：厂部　　用途：一般管理　　2011 年 9 月 23 日

编号	名称	计量单位	数量		单价	金额
			请领	实领		
201	B 材料	千克	50	50	80	4 000
合计						4 000
物料号码	备注：					

领料部门负责人：张英　　领料人：张阳　　记账员：王莲香　　保管员：杨少华

凭 2-11-1

固定资产报废申请单

2011 年 9 月 23 日

设备名称	DJ-120 机床	预计使用年限	10	已使用年限	9.5
设备编号	F501	原值（元）	60 000	已提折旧（元）	57 000
使用部门	机修车间	折余价值（元）	3 000	预计残值（元）	1 000
报废原因	不需用。该设备已使用 9.5 年，离报废期尚有 0.5 年，但设备陈旧老化，影响产品质量，建议报废。 报告人 李琮 2011 年 9 月 6 日				
资产管理部门意见	同意报废。建议销售处理给市物资回收公司。 郭振海 2011 年 9 月 10 日				
主管领导意见	同意报废。 2011 年 9 月 12 日	公司领导意见	同意报废。 2011 年 9 月 23 日		

经办部门：设备科　　经办人：郭振海

凭 2-11-2

全国统一发票监制章 冀石家庄市 国家税务总局监制

河北省石家庄市服务业发票

缴款单位或个人姓名：石家庄市新华包装机械厂　　2011 年 9 月 24 日　　No：6609104

收费项目	计量单位	数量	单价	金额 万	千	百	十	元	角	分
清理费	项	1	900.00			9	0	0	0	0
合计金额（大写）玖佰零拾零元零角零分			¥900.00							

第二联 收据

收费单位：（盖章）大象搬运公司 财务专用章　　收款人：石峰

凭 2-11-3

专用收购凭单

No.1630181

收款日期 2011 年 9 月 23 日

付款单位（交款人）	石家庄市物资回收公司	收款单位（领款人）	新华包装机械厂	收款项目	支付清理费					
收购货物名称	计量单位	数量	单价	金额						
				万	千	百	十	元	角	分
废钢铁	千克	1500	1.0		1	5	0	0	0	0
合计金额（大写）	壹仟伍佰零拾零元零角零分			¥	1	5	0	0	0	0

收款企业（盖章有效） 财务： 开票人：刘伟

石家庄市物资回收公司
财务专用章

凭 2-11-4

中国工商银行进账单（收账通知）

收款人	全称	新华包装机械厂	付款人	全称	石家庄市物资回收公司					
	账号或地址	130403070918		账号或地址	130408700489					
	开户银行	石家庄市富强路128号		开户银行	工行向阳路办事处					
人民币（大写）：壹仟伍佰元整			千	百	十	万	千	百	十	元	角	分
						¥	1	5	0	0	0	0
票据种类			收款人开户银行盖章：							
票据张数										
单位主管 会计 复核 记账										

中国工商银行
向阳路办事处
转讫

凭 2-11-5

固定资产清理损溢计算表

2011 年 9 月 23 日

清理项目	DJ-120 机床		清理原因	报废
固定资产清理借方发生额			固定资产清理贷方发生额	
清理支出内容		金额	清理收入内容	金额
固定资产净值			变价收入	
清理费用				
借方合计			贷方合计	
固定资产清理 净收益/净损失		金额：		

复核：　　　　　　　　制单：

凭 2-12

（略）

凭 2-13-1

原材料清查盘点报告表

盘点时间：2011 年 9 月 26 日

编号	品名	计量单位	数量	单价	金额	备注

盘点人：　　　　　　　　仓库保管员：

凭 2-13-2

账存实存对比表

2011 年 9 月 26 日

品名	计量单位	单价	实存		账存		对比结果				备注
							盘盈		盘亏		
			数量	单价	数量	单价	数量	金额	数量	金额	
A 材料	千克								40		锈蚀
B 材料	千克								30		短缺

凭 2-14-1

石家庄市修理修配发票

全国统一发票监制 冀石家庄市 地方税务局监制

发 票 联

No：0502361

客户：新华包装机械厂　　2011 年 9 月 27 日

项目	车牌照号		DD1668		合同号			
	工时费				材料费	材料管理费	辅助费	金额
	单位	数量	单价	金额				
修车	小时	15	20	300	1200	150	50	1 800
人民币合计	（大写）壹仟捌佰元整　¥1 800：00							
企业名称	石家庄市联华汽车修理厂 发票专用章				地址			备注
					开户行			
					结算方式			

凭 2-14-2

中国工商银行

转账支票存根

支票号码　200144

附加信息

出票日期：　年　月　日

收款人：	
金　额：	
用　途：	

单位主管　　会计

凭 2-15-1

财产清查短缺材料处理决定

财务部：

A 材料锈蚀因库房潮湿引起，计入管理费用；B 材料短缺属于被盗，由仓库保管员杨少华赔偿 80%，其余 20%计入管理费用。

经理：李雨露

2011 年 9 月 29 日

凭 2-16

(略)

凭 2-17-1

固定资产折旧计算表

2011 年 9 月 31 日

使用部门	固定资产类别	月初应计折旧固定资产原值	月折旧率‰	月折旧额
基本生产车间	房屋建筑物			
	机器设备			
	小计			
机修车间	房屋建筑物			
	机器设备			
	小计			
供汽车间	房屋建筑物			
	机器设备			
	小计			
专设销售机构	房屋建筑物			
	机器设备			
	小计			
厂部管理机构	房屋建筑物			
	机器设备			
	小计			
合　计				

六、实训报告

________________实训报告

<table>
<tr><td>实训项目</td><td colspan="4"></td><td>成绩</td><td></td></tr>
<tr><td>专业、年级</td><td colspan="3"></td><td>指导教师</td><td colspan="2"></td></tr>
<tr><td>报告人</td><td></td><td>学号</td><td></td><td>实训学时</td><td colspan="2"></td></tr>
<tr><td>实训日期</td><td colspan="3"></td><td>实训地点</td><td colspan="2"></td></tr>
<tr><td>实训目的</td><td colspan="6"></td></tr>
<tr><td>实训内容</td><td colspan="6"></td></tr>
<tr><td>实训要求</td><td colspan="6"></td></tr>
<tr><td>实训存在的问题及解决方法</td><td colspan="6"></td></tr>
<tr><td>实训体会及建议</td><td colspan="6"></td></tr>
<tr><td>实训评价</td><td colspan="6"></td></tr>
</table>

模块三 职工薪酬会计岗位实训

一、岗位职责

（1）认真贯彻执行国家有关职工薪酬方面的政策、法规，会同企业有关部门制定本单位各项职工薪酬的计算、发放、交纳的具体标准、程序、方法。

（2）按照国家有关政策法规和企业的具体规定，计算提取各项职工薪酬并组织发放或及时向有关部门交付。

（3）按照会计准则规定，设置“应付职工薪酬”账户，对职工薪酬的计提和结算进行明细核算，并及时编制有关报表。

（4）在财务负责人的指导下，编制年度职工薪酬计划，并定期对计划执行情况进行分析。

二、实训目的

通过本岗位的实训，熟悉职工薪酬会计岗位基本职责、业务流程；掌握职工薪酬的内容、各项目的具体计算方法及其账务处理的操作技能；了解国家有关职工薪酬的政策规定。

三、实训业务

1. 实训企业概况

企业名称：中山电器有限责任公司

地址：石家庄市和平西路 168 号

法人代表：张国庆

经营范围：家电制造

注册资金：3 000 万元

纳税人登记号：130105078578668

开户银行：中国银行河北省分行

账号：4085201-0188-0568

中山电器有限责任公司是增值税一般纳税人，该公司职工薪酬由专人负责。每月末在人事部门提供的考勤记录和各车间提供的生产产量记录等资料的基础上，计算各部门的工资等薪酬项目，将有关薪酬费用分配计入相关成本费用项目；同时按规定及时发放工资奖金，交付各项公积金、社会保险及工会经费等。有关职工薪酬各项目计提基数及比例如表 3-1 所示。

表 3-1 有关职工薪酬各项目计提基数及比例

项　　目	计提基数	计提比例（%）
应付福利费	本月工资总额	14
工会经费	同上	2
教育经费	同上	1.5
养老保险金	上年月平均工资总额	20
住房公积金	同上	8
基本医疗保险费	同上	6
地方附加医疗保险费	同上	2
失业保险金	同上	2

2. 2011 年 6 月初有关账户余额

库存现金总账余额：18 600 元。

银行存款总账余额：28 186 500 元。

3. 2011 年 6 月发生的有关经济业务如下

（1）6 月 1 日，公司从本月起，为 5 位高级管理人员每人租赁一套公寓免费使用，每月每套租金 2 000 元，即日通过银行转账支付租金。

（2）6 月 12 日，公司将自产的电风扇作为福利发放给员工，该型号电风扇市场售价为 800 元，生产成本为 600 元，公司现有员工 500 人，其中直接参加生产的员工 400 人，其余为总部管理人员。本公司适用的增值税税率为 17%。

（3）6 月 20 日，由于第一车间生产的 A 型电风扇严重积压，公司决定关闭该生产线。在与相关员工充分沟通后，计划从下半年度开始辞退相关员工，并对他们做出补偿。

（4）根据“工资结算汇总表”进行职工工资的分配，并按工资总额的 14%计提职工福利费。同时根据所提供的产品工时资料，在有关产品之间进行工资及福利费的分配。要求：填制职工工资及福利费分配计算表。

（5）根据“工资结算汇总表”签发支票一张，金额为 281 930 元，委托中国银行河北省分行办理代发工资转存信用卡业务，发放工资及其他款项共计 281 930 元。工资发放清单同时送交银行，并经银行审核发放。

（6）根据“工资结算汇总表”结转本月代扣各种款项共计 39 880 元。

（7）签发中国银行支票一张，根据“工资结算汇总表”将代扣的电费 2 370 元划转石家庄市供电局银行存款账户。

（8）根据“各项基金计算分配表”计提企业负担的各种基金或经费。

（9）根据“各项经费计算分配表”计提并缴纳工会经费和职工教育经费。

（10）签发中国银行支票一张，缴纳职工住房公积金 32 554.80 元，其中企业负担的部分为 18 604.80 元，企业从职工工资中代扣代缴的部分为 13 950 元。填制公积金汇缴书，公积金账号为 45 698 225，收款人为本公司住房公积金专户。

（11）收到中国银行转来市社会保险事业基金结算管理中心的职工社会保险基金结算表和医疗保险费申报结算表等托收凭证，已从社会保险基金专户划转各项基金共计101 098元。

其中：

	单位缴纳金额	个人缴纳金额	合计
缴纳养老保险金	46 512.00	10 780.00	57 292.00
缴纳失业保险金	4 651.20	5 350.00	10 001.20
缴纳基本医疗保险金	13 953.60	15 200.00	29 153.60
应付地方附加医疗保险金	4 651.20	--	4 651.20
合　计	69 768.00	31 330.00	101 098.00

四、实训要求

（1）补充填写有关原始凭证（凭 3-4-2、凭 3-6-1、凭 3-8-1、凭 3-9-1），完成相应职工薪酬项目的计算。

（2）根据所列经济业务编制记账凭证。

（3）根据期初余额以及所发生经济业务涉及的职工薪酬项目，开设并登记应付职工薪酬明细分类账户。

（4）编写实训报告。

五、实训资料

凭 3-1-1

中国银行
转账支票存根

支票号码 1386425

附加信息

出票日期：2011年6月1日

收款人：	朝阳公司
金　额：	10 000.00
用　途：	租房

单位主管　　　　会计

凭 3-1-2

专用收款收据

No. 60035251

（第三联　给付款单位收据）

冀财会账证 99 号　　　　收款日期　2011 年 6 月 1 日

付款单位（交款人）	中山电器公司		收款单位（收款人）		朝阳公司			收款项目		房租			
人民币（大写）	壹万元整			十	万	千	百	十	元	角	分	结算方式	
				¥	1	0	0	0	0	0	0	转账	
收款事由	租 5 套公寓				经办部门及人员					公司办公室 张力			
收款单位财务专用章		会计主管			稽　核		出　纳			交款人			
		李　丁					杨　浩						

凭 3-2-1

通　知

各部门：

为了提高广大员工福利，经领导研究决定，将本公司自产电风扇作为福利发放给本公司在册员工，每人 1 台，请各部门即日领取。特此通知。

公司办公室

2011 年 6 月 12 日

凭 3-2-2

电风扇发放表

2011 年 6 月 12 日

部门	数量（台）	签名
生产部	400	高英
销售部	60	张国军
供应部	20	杨力维
办公室	20	李志刚
合计	500	

凭 3-2-3

产品出库单

购货单位： 2011 年 6 月 12 日 编号：

编号	名称及规格	单位	数量	单位成本	总成本	备注
	电风扇	台	500	600.00	300 000.00	作员工福利发放
合　计			500		300 000.00	

会计主管： 仓库主管： 保管： 经发： 制单：

凭 3-3-1

中山电器公司 2011 年辞退计划一览表

所属部门	职位	辞退数量（人）	工龄（年）	补偿金额（万元）
第一车间	车间主任、副主任	1	1～10	10.00
		2	10～20	40.00
		1	20～30	30.00
	高级技工	10	1～10	80.00
		10	10～20	180.00
		0	20～30	0
	一般技工	45	1～10	225.00
		25	10～20	375.00
		6	20～30	150.00
小　计		100		1 090.00

凭 3-4-1

工资结算汇总表

2011 年 6 月 25 日　　单位：元

部门		基本工资	岗位工资	各种补贴	生产奖金	应扣病事假工资	应付工资	代扣款项							实发工资
								医疗保险	代扣电费	养老保险	住房公积	失业保险	个人所得税	合计	
一车间	生产工人	42 000	7 400	3 800	4 200	860	56 540	2 200	390	1 600	650	920	360	6 120	50 420
	管理人员	21 000	2 800	1 300	3 500	290	28 310	1 150	200	800	230	460	170	3 010	25 300
	小计	63 000	10 200	5 100	7 700	1 150	84 850	3 350	590	2 400	880	1 380	530	9 130	75 720
二车间	生产工人	28 000	4 800	2 100	2 750	710	36 940	1 760	340	1 000	580	610	230	4 520	32 420
	管理人员	12 000	1 600	900	1 400	330	15 570	1 400	130	600	260	260	80	2 730	12 840
	小计	40 000	6 400	3 000	4 150	1 040	52 510	3 160	470	1 600	840	870	310	7 250	45 260
三车间	生产工人	36 000	6 000	3 200	3 500	280	48 420	2 400	350	1 500	620	790	300	5 960	42 460
	管理人员	28 000	3 000	1 700	1 350	-	34 050	1 200	220	1 100	270	610	270	3 670	30 380
	小计	64 000	9 000	4 900	4 850	280	82 470	3 600	570	2 600	890	1 400	570	9 630	72 840
机修车间		15 000	1 800	1 000	1 600	-	19 400	940	210	750	360	330	240	2 830	16 570
福利部门		6 800	860	600	500	80	8 680	350	90	250	130	140	100	1 060	7 620
管理部门		56 000	9 500	5 200	5 500	2 300	73 900	3 800	440	3 180	850	1 230	480	9 980	63 920
合计		244 800	37 760	19 800	24 300	4 850	321 810	15 200	2 370	10 780	3 950	5 350	2 230	39 880	281 930

凭 3-4-2

工资费用分配汇总表

2011 年 6 月

车间及部门		应付职工薪酬—工资			应付职工薪酬—职工福利费（14%）	合计
		生产工时	分配率	分配额		
一车间	A 产品工人	12 000				
	B 产品工人	8 000				
	小计	20 000				
	车间管理人员					
二车间	B 产品工人	3 500				
	C 产品工人	4 500				
	小计	8 000				
	车间管理人员					
三车间	生产工人					
	车间管理人员					
辅助车间	机修车间人员					
福利部门人员						
行政管理部门人员						
合计						

会计：　　复核：　　制单：

凭 3-5-1

中国银行
转账支票存根

支票号码 1386426

附加信息

出票日期：2011年6月25日

收款人：	中山公司工资账户
金　额：	281 930.00
用　途：	支付工资

单位主管　　　　会计

凭 3-6-1

代扣款项结转表

贷记科目	医疗保险	代扣电费	养老保险	住房公积	失业保险	个人所得税	合计
合　　计							

凭 3-7-1

中国银行
转账支票存根

支票号码 1386427

附加信息

出票日期：2011年6月25日

收款人：	石家庄市供电局
金　额：	2 370.00
用　途：	支付代扣电费

单位主管　　　　会计

凭 3-8-1

各项基金计算分配表

2011 年 6 月 28 日

计提项目	计提基数	计提比率(%)	计提金额	借记账户	贷记账户
养老保险金	上年月平均工资总额：232 560.00 元	20			
住房公积金		8			
失业保险金		2			
基本医疗保险费		6			
地方附加医疗保险费		2			
合　计					

凭 3-9-1

各项经费计算分配表

计提项目	计提基数	计提比率(%)	计提金额	借记账户	贷记账户
工会经费	本月工资总额：321 810.00 元	2			
职工教育经费		1.5			
合　计					

凭 3-9-2

中国银行
转账支票存根

支票号码　1386428

附加信息

出票日期：2011年6月28日

收款人：	中山公司工会经费专户
金　额：	
用　途：	缴付工会经费

单位主管　　　　　会计

凭 3-9-3

中国银行
转账支票存根

支票号码　1386429

附加信息

出票日期：2011年6月28日

收款人：中山公司职工教育经费专户	
金　额：	
用　途：缴付职工教育经费	

单位主管　　　　会计

凭 3-10-1

中国银行
转账支票存根

支票号码　1386430

附加信息

出票日期：2011年6月28日

收款人：中山公司住房公积金专户	
金　额：32 554.80	
用　途：缴付住房公积金	

单位主管　　　　会计

凭 3-10-2

河北省公积金汇缴书

2011 年 6 月 28 日　　　　附清册　　张

单位名称		中山电器公司		汇缴：2011年6月份			
公积金账号		45698225		补缴：　　年　月份			
人民币（大写）	叁万贰仟伍佰伍拾肆元捌角整						
上月汇缴		本月增加汇缴		本月减少汇缴		本月汇缴32 554.80	
人数	金额	人数	金额	人数	金额	人数	金额
付款行	付款账号	支票号码					
银行盖章：							

凭 3-11-1

委托收款 凭证（付账通知）

委托日期 2011 年 6 月 28 日

<table>
<tr><td rowspan="3">付款人</td><td>全　称</td><td>中山电器公司</td><td rowspan="3">收款人</td><td>全　称</td><td colspan="10">市社会保险事业基金结算管理中心</td></tr>
<tr><td>账　号
或地址</td><td>4085201-0188-0568</td><td>账　号
或地址</td><td colspan="10">0402022619246137</td></tr>
<tr><td>开户银行</td><td>中行河北分行</td><td>开户银行</td><td colspan="10">工行河北分行</td></tr>
<tr><td colspan="2" rowspan="2">委收金额</td><td colspan="3" rowspan="2">人民币
（大写） 陆万柒仟贰佰玖拾叁元贰角整</td><td>千</td><td>百</td><td>十</td><td>万</td><td>千</td><td>百</td><td>十</td><td>元</td><td>角</td><td>分</td></tr>
<tr><td></td><td></td><td>¥</td><td>6</td><td>7</td><td>2</td><td>9</td><td>3</td><td>2</td><td>0</td></tr>
<tr><td colspan="2">款项内容</td><td>2011 年 6 月养老保险失业保险</td><td colspan="2">委托收款
凭据名称</td><td colspan="10"></td></tr>
<tr><td colspan="3">备注:
中国银行河北分行
2011.6.28</td><td colspan="12">付款单位注意:
1. 根据结算方法，上列委托收款，如在付款期内未拒付时，即视同全部同意付款，以此联代付款通知。
2. 如需提前付款或多付款时，应另写书面通知送银行办理。
3. 如系全部或部分拒付，应在付款期内另填拒付款理由书送银行办理。</td></tr>
</table>

单位主管　　会计　　复核　　记账　　付款人开户行盖章　　年　　月　　日

凭 3-11-2

委托收款 凭证（付账通知）

委托日期 2011 年 6 月 28 日

<table>
<tr><td rowspan="3">付款人</td><td>全　称</td><td>中山电器公司</td><td rowspan="3">收款人</td><td>全　称</td><td colspan="10">市社会保险事业基金结算管理中心</td></tr>
<tr><td>账　号
或地址</td><td>4085201-0188-0568</td><td>账　号
或地址</td><td colspan="10">0402022619246137</td></tr>
<tr><td>开户银行</td><td>中行河北分行</td><td>开户银行</td><td colspan="10">工行河北分行</td></tr>
<tr><td colspan="2" rowspan="2">委收金额</td><td colspan="3" rowspan="2">人民币
（大写） 叁万叁仟捌佰零肆元捌角整</td><td>千</td><td>百</td><td>十</td><td>万</td><td>千</td><td>百</td><td>十</td><td>元</td><td>角</td><td>分</td></tr>
<tr><td></td><td></td><td>¥</td><td>3</td><td>3</td><td>8</td><td>0</td><td>4</td><td>8</td><td>0</td></tr>
<tr><td colspan="2">款项内容</td><td>2011 年 6 月医疗保险</td><td colspan="2">委托收款
凭据名称</td><td colspan="10"></td></tr>
<tr><td colspan="3">备注:
中国银行河北分行
2011.6.28</td><td colspan="12">付款单位注意:
1. 根据结算方法，上列委托收款，如在付款期内未拒付时，即视同全部同意付款，以此联代付款通知。
2. 如需提前付款或多付款时，应另写书面通知送银行办理。
3. 如系全部或部分拒付，应在付款期内另填拒付款理由书送银行办理。</td></tr>
</table>

单位主管　　会计　　复核　　记账　　付款人开户行盖章　　年　　月　　日

凭 3-11-3

河北省社会保险基金结算表

单位名称：中山电器公司　　2011 年 6 月 28 日

单位编码：×××　　本月扣款日期：2011 年 6 月 28 日　　No：×××

应缴项目	核定金额（元）	应缴项目	核定金额（元）
1. 养老保险缴费基数	232 560.00	17. 单位缓缴社会保险费金额	0
2. 补缴历年养老保险缴费工资总额	0	18. 应缴纳金额	67 293.20
3. 养老保险单位缴费率（%）	20	19. 月养老金基数	0
4. 单位应缴养老保险费金额	46 512.00	20. 一次性调整金额	0
5. 其他应缴养老保险费金额	0	21. 一次性补助金额	0
6. 养老保险费个人缴费总额	10 780.00	22. 建国前参加革命加发生活费	0
7. 其中：个人缴费月基数		23. 其他按规定支付额	0
8. 养老保险缴纳合计	57 292.00	24. 一次性补充养老金	0
9. 失业保险缴费基数	232 560.00	25. 丧葬补助费，抚恤金	0
10. 补缴历年失业保险缴费工资总额	0	26. 其他按规定一次性支付金额	0
11. 失业保险单位缴费率（%）	2	27. 终止养老保险关系支付额	0
12. 单位应缴失业保险费金额	4 651.20	28. 房贴	0
13. 其他应缴失业保险费金额	0	29. 应支付医疗费	0
14. 失业保险费个人缴费总额	5 350.00	30. 支付合计	0
15. 其中：个人缴费月基数		31. 自负金额	0
16. 失业保险缴纳合计	10 001.20	32. 应拨付金额	0

盖章后代付款凭证

合计（大写）陆万柒仟贰佰玖拾叁元贰角

打印日期：2011-06-28　社会保险经办机构（盖章）：石家庄市社会保险事业管理中心

补充资料：

①月末养老保险账户职工 193 人；

②月末养老保险缴费人数 193 人；

③月末领取养老金 0 人；

④单位缓缴社会保险费含单位缓缴养老保险费 0 元、失业保险费 0 元。

凭 3-11-4

石家庄市事业单位职工医疗保险基金收缴核定表（医险表三）

单位名称：中山电器公司　　　　单位代码：×××　　　　单位：元

月核定情况											月应上缴医疗保险：33 804.80 其中：单位缴 18 604.80
职工人数			缴费工资总额	退休工资总额	计提医疗保险基金						
在职	退休	合计			基本医疗			重特病统筹			
					单位缴费	个人缴费	合计	单位缴费	个人缴费	合计	
					13 953.60	15 200.00	29 153.60	4 651.20		4 651.20	
填报单位：中山电器公司 负责人： 经办人：					税务机关名称：石家庄市地税局 税务登记号：130105078578668 税务管理编号：×××						医疗保险经办机构盖章 2011-6-28

六、实训报告

________________________实训报告

<table>
<tr><td>实训项目</td><td colspan="4"></td><td>成绩</td><td></td></tr>
<tr><td>专业、年级</td><td colspan="3"></td><td>指导教师</td><td colspan="2"></td></tr>
<tr><td>报告人</td><td></td><td>学号</td><td></td><td>实训学时</td><td colspan="2"></td></tr>
<tr><td>实训日期</td><td colspan="3"></td><td>实训地点</td><td colspan="2"></td></tr>
<tr><td>实训目的</td><td colspan="6"></td></tr>
<tr><td>实训内容</td><td colspan="6"></td></tr>
<tr><td>实训要求</td><td colspan="6"></td></tr>
<tr><td>实训存在的问题及解决方法</td><td colspan="6"></td></tr>
<tr><td>实训体会及建议</td><td colspan="6"></td></tr>
<tr><td>实训评价</td><td colspan="6"></td></tr>
</table>

模块四　销售、利润会计岗位实训

一、岗位职责

（1）参与企业的销售、费用、利润计划的制订，并监督执行。

（2）正确确认和计量收入，结转成本，取得或编制相关原始凭证，进行营业收入、营业成本及税金、营业外收支、期间费用、利润及利润分配的核算。

二、实训目的

通过本岗位的实训，全面熟悉销售收入与利润会计岗位的基本职责、业务流程；掌握各项收入的取得、利润的形成及其分配的确认；掌握计量原则及相应会计核算的操作技能；了解利润分配的有关规定。

三、实训业务

1. 实训企业概况

企业名称：中山电器有限责任公司

地址：石家庄市和平西路 168 号

法人代表：张国庆

经营范围：家电制造

注册资金：3 000 万元

纳税人登记号：130105078578668

开户银行：中国银行河北省分行

账号：4085201-0188-0568

2. 实训业务

中山电器有限责任公司期末一次结转已销产品的生产成本，其他业务的成本随时结转。为简化核算，2011 年 12 月初各账户期初余额设为零。

2011 年 12 月中山电器有限责任公司发生的经济业务如下：

（1）12 月 1 日，向太行公司销售电风电扇 200 台，单价 950 元，收到转账支票。单位成本 800 元。

（2）12 月 1 日，向中原公司销售电吹风 500 个，单价 280 元，公司为了及早收回货款而在合同中规定符合现金折扣的条件为 2 / 10、1 / 20、n / 30。单位成本 200 元。

（3）12 月 2 日，以现金支付泰华律师事务所法律咨询费 2 100 元。

（4）12 月 5 日，向东方公司销售电熨斗 1 000 个，单价 250 元，收到转账支票 1 张，向购货方开具增值税专用发票。单位成本 180 元。

（5）12 月 6 日，太行公司收到所购电风扇后发现质量不合格，要求在价格上给予 10%

的折让。

（6）12 月 6 日，收到中原公司所购电吹风货款。

（7）12 月 7 日，向中原公司销售电风扇 400 台，单价 920 元，收到转账支票 1 张。单位成本 800 元。

（8）12 月 9 日，办公室购买办公用品签字笔 10 支，以现金支付 45 元。

（9）12 月 10 日，公司委托红星贸易公司销售电风扇 2 000 台，协议单价为 900 元。电风扇单位成本 800 元。

（10）12 月 11 日，将多余的圆钢 200 千克销售给东风机械厂，单价 30 元 / 千克，已收到中国银行转来的信汇收账通知。圆钢的成本为 19 元 / 千克。

（11）12 月 15 日，以转账支票向石家庄日报社支付广告费 12 000 元。

（12）12 月 18 日，报废车床一台，原值 15 000 元，已提折旧额 14 000 元，残值收入现金 2 000 元，另以现金 50 元支付清理费，结转清理损益。

（13）12 月 22 日，业务员杨广利外出参加会议，报销差旅费，余款退回（前预借 1 000 元）。

（14）12 月 25 日，年终聘请立信会计师事务所进行审计，支付审计费 8 000 元，以转账支票支付。

（15）12 月 28 日，收到红星贸易公司开来的代销清单。

（16）12 月 29 日，11 月销售给东方公司的电熨斗，因质量问题本月办理退货。

（17）12 月 31 日，根据财产清查结果，发现加工车间盘亏电焊机一台，原因是被盗，无法追回，该电焊机原价 4 500 元，已提折旧 810 元，另发现仓库盘盈圆钢 85 千克，单价 20 元 / 千克，原因是计量不准造成。

（18）12 月 31 日，接银行通知，支付本季度短期借款利息 1 500 元。

（19）12 月 31 日，仓库报来销售科领用包装箱 180 个，单位成本 40 元。

（20）12 月 31 日，结转已销产品成本。

（21）12 月 31 日，申报城建税及教育费附加。

（22）12 月 31 日，结转损益类账户（无纳税调整事项）。

（23）12 月 31 日，结转净利润。

（24）12 月 31 日，计提盈余公积金（10%）。

（25）12 月 31 日，计算应付利润（40%）。

（26）12 月 31 日，结转未分配利润。

四、实训要求

（1）补充填写有关原始凭证（凭 4-22-1、凭 4-22-2、凭 4-22-3、凭 4-23-1、凭 4-24-1、凭 4-25-1、凭 4-26-1）。

（2）根据所列经济业务编制记账凭证。

（3）开设并登记主营业务收入、主营业务成本、营业税金及附加、其他业务收入、其他业务成本、营业外收入、营业外支出、管理费用、销售费用、财务费用、本年利润、利润分配等明细分类账户。

（4）编写实训报告。

五、实训资料

凭 4-1-1

全国统一发票监制章 河北 国家税务局监制

1300045322 河北省增值税专用发票 No. 12457685

此联不作报销扣税凭证使用 开票日期：2011 年 12 月 1 日

购货单位	名称：太行公司 纳税人识别号：130105089578766 地址、电话：87135783 开户行及账号：工行 0402022619249026			密码区			
货物或应税劳务名称	规格型号	单位	数量	单价	金额	税率	税额
电风扇		台	200	950.00	190 000.00	17%	32 300.00
合计					￥190 000.00		￥32 300.00
价税合计（大写）	贰拾贰万贰仟叁佰元整			（小写） ￥222 300.00			
销货单位	名称：中山电器公司 纳税人识别号：130105078578668 地址、电话：石家庄市和平西路 168 号 开户行及账号：中行 4085201-0188-0568			备注			

收款人： 复核： 开票人： 销货单位：（章） 中山电器公司 发票专用章

国税函[2011] 1321 号北京印钞厂

第三联：记账联 销货方记账凭证

凭 4-1-2

中国银行进账单（回单或收账通知）

2011 年 12 月 1 日

收款人	全称	中山电器有限责任公司	付款人	全称	太行公司
	账号	4085201-0188-0568		账号	0402022619249026
	开户银行	中行河北省分行		开户银行	工行中山路分理处
人民币（大写）	贰拾贰万贰仟叁佰元整			千百十万千百十元角分	￥22230000
票据种类					
票据张数					
单位主管 会计 复核 记账			收款人开户行盖章		

此联是收款人开户行开给收款人的收账通知单

凭 4-1-3

产品出库单

购货单位：太行公司　　2011 年 12 月 1 日　　编号

编号	名称及规格	单位	数量	单位成本	总成本	备注
	电风扇	台	200	800.00	160 000.00	
合　计					160 000.00	

会计主管：　　仓库主管：　　保管：　　经发：　　制单：

凭 4-2-1

1300045322　　**河北省增值税专用发票**　　No. 12457645

此联不作报销扣税凭证使用　　开票日期：2011 年 12 月 1 日

国税函[2011] 1321 号北京印钞厂

购货单位		密码区	
名　称：中原公司			
纳税人识别号：130105091354231			
地 址、电 话：86425310			
开户行及账号：工行 0402022619245124			

货物或应税劳务名称	规格型号	单位	数量	单价	金额	税率	税额
电吹风		个	500	280.00	140 000.00	17%	23 800.00
合　计					￥140 000.00		￥23 800.00

价税合计（大写）	壹拾陆万叁仟捌佰元整　　（小写）￥163 800.00

销货单位	备注
名　称：中山电器公司	
纳税人识别号：130105078578668	
地 址、电 话：石家庄市和平西路 168 号	
开户行及账号：中行 4085201-0188-0568	

第三联：记账联 销货方记账凭证

收款人：　　复核：　　开票人：　　销货单位：（章）

中山电器公司
发票专用章

凭 4-2-2

产品出库单

购货单位：中原公司　　　　2011 年 12 月 1 日　　　　编号

编号	名称及规格	单位	数量	单位成本	总成本	备注
	电吹风	个	500	200.00	100 000.00	
合　计					100 000.00	

会计主管：　　　仓库主管：　　　保管：　　　经发：　　　制单：

凭 4-3-1

全国统一发票监制章 冀石家庄市 地方税务局监制

河北省石家庄市服务业发票

缴款单位
或个人姓名：中山电器公司　　　　2011 年 12 月 2 日　　　　No：6609106

收费项目	计量单位	数量	单价	金额 万	千	百	十	元	角	分
法律咨询费					2	1	0	0	0	0
合计金额（大写）贰仟壹佰零拾零元零角零分				￥2 100.00						

第二联 收据

收费单位：（盖章）　泰华律师事务所 财务专用章　　　收款人：石峰

凭 4-4-1

中国银行进账单（回单或收账通知）

2011 年 12 月 5 日

收款人			付款人		
收款人	全　称	中山电器公司	付款人	全　称	东方公司
	账　号	4085201-0188-0568		账　号	0402022619248321
	开户银行	中行河北省分行		开户银行	工行和平路分理处

人民币（大写）	千	百	十	万	千	百	十	元	角	分
贰拾玖万贰仟伍佰元整		￥	2	9	2	5	0	0	0	0

票据种类		
票据张数		
单位主管　会计　复核　记账		收款人开户行盖章

此联是收款人开户行开给收款人的收账通知单

凭 4-4-2

全国统一发票监制章 河北

1300045322 **河北省增值税专用发票** No. 12457685

此联不作报销扣税凭证使用 开票日期：2011 年 12 月 5 日

购货单位		密码区					
名　　称：东方公司 纳税人识别号：130105074132946 地 址、电 话：87431825 开户行及账号：工行 0402022619248321							
货物或应税劳务名称	规格型号	单位	数量	单价	金额	税率	税额
电熨斗		个	1 000	250.00	250 000.00	17%	42 500.00
合　计					￥250000.00		￥42500.00
价税合计（大写）	贰拾玖万贰仟伍佰元整				（小写）￥292 500.00		
销货单位	名　　称：中山电器公司 纳税人识别号：130105078578668 地 址、电 话：石家庄市和平西路 168 号 开户行及账号：中行 4085201-0188-0568	备注					

收款人：　　复核：　　开票人：　　销货单位：（章）

中山电器公司
发票专用章

国税函[2011] 1321 号北京印钞厂

第三联：记账联 销货方记账凭证

凭 4-4-3

产品出库单

购货单位：东方公司　　2011 年 12 月 5 日　　编号

编号	名称及规格	单位	数量	单位成本	总成本	备注
	电熨斗	个	1 000	180.00	180 000.00	
合　计					180 000.00	

会计主管：　　仓库主管：　　保管：　　经发：　　制单：

凭 4-5-1

国家税务总局河北省支局

企业进货退出及索取折让证明单 No：

销货单位	全称	中山电器公司			
	纳税人登记号	130105078578668			
索取折让	货物名称	货款	税额	要求	
				折让金额	折让税额
	电风扇	190 000.00	32 300.00	19 000.00	3 230.00
索取折让理由	质量不合格 经办人： 单位签章 2011年12月6日		征收机关签章	同意 经办人： 2011年12月6日	
购货单位	全称	太行公司			
	纳税人登记号	130105089578766			

凭 4-5-2

全国统一发票监制章 河北 国家税务总局监制

1300045322 **河北省增值税专用发票** No. 12457695

此联不作报销扣税凭证使用 开票日期：2011 年 12 月 6 日

购货单位	名称：太行公司 纳税人识别号：130105089578766 地址、电话：石家庄市中山路198 开户行及账号：工行 0402022619249026			密码区			
货物或应税劳务名称	规格型号	单位	数量	单价	金额	税率	税额
电风扇		台			-19 000.00	17%	-3 230.00
合计					￥-19 000.00		￥-3 230.00
价税合计（大写）	贰万贰仟贰佰叁拾元整		（小写）￥-22 230.00				
销货单位	名称：中山电器公司 纳税人识别号：130105078578668 地址、电话：石家庄市和平西路168号 开户行及账号：中行 4085201-0188-0568			备注			

国税函[2011] 1321 号北京印钞厂

第三联：记账联 销货方记账凭证

收款人： 复核： 开票人： 销货单位：（章）

中山电器公司
发票专用章

凭 4-5-3

中国银行信汇凭证（回单） 1 No.010236

委托日期 2011年12月6日

汇款人	全称	中山电器公司			收款人	全称	太行公司											
	账号或住址	4085201-0188-0568				账号或住址	0402022619249026											
	汇出地点	河北省石家庄市	汇出行名称	中行		汇入地点	河北省石家庄市	汇入行名称	工行									
金额	人民币（大写）	贰万贰仟贰佰叁拾元整							千	百	十	万	千	百	十	元	角	分
											¥	2	2	2	3	0	0	0
汇款用途：销货折让							汇出行盖章											
上列款项已根据委托办理，如须查询，请持此回单来行面洽。							2011年12月6日											
单位主管： 会计： 复核： 记账：																		

凭 4-6-1

中国银行进账单（回单或收账通知）

2011年12月6日

收款人	全称	中山电器公司	付款人	全称	中原公司										
	账号	4085201-0188-0568		账号	0402022619245124										
	开户银行	中行河北省分行		开户银行	工行和平路分理处										
人民币（大写）	壹拾陆万零伍佰贰拾肆元整					千	百	十	万	千	百	十	元	角	分
							¥	1	6	0	5	2	4	0	0
票据种类															
票据张数															
单位主管 会计 复核 记账			收款人开户行盖章												

此联是收款人开户行开给收款人的收账通知单

凭 4-7-1

1300045322　　　　**河北省增值税专用发票**　　　　No. 12457695

全国统一发票监制章 河北 国家税务总局监

此联不作报销扣税凭证使用　　　　开票日期：2011 年 12 月 6 日

购货单位	名　　称：中原公司 纳税人识别号：130105091354231 地 址、电 话：86425310 开户行及账号：工行 0402022619245124			密码区			
货物或应税劳务名称	规格型号	单位	数量	单价	金额	税率	税额
电风扇		台	400	920.00	368 000.00	17%	62 560.00
合　计					￥368 000.00		￥62 560.00
价税合计（大写）	肆拾叁万零伍佰陆拾元整　（小写）￥430 560.00						
销货单位	名　　称：中山电器公司 纳税人识别号：130105078578668 地 址、电 话：石家庄市和平西路 168 号 开户行及账号：中行 4085201-0188-0568			备注			

收款人：　　复核：　　开票人：　　销货单位：（章）

中山电器公司
发票专用章

国税函[2011] 1321 号北京印钞厂

第三联：记账联 销货方记账凭证

凭 4-7-2

产品出库单

购货单位：中原公司　　　　2011 年 12 月 7 日　　　　编号

编号	名称及规格	单位	数量	单位成本	总成本	备注
	电风扇	台	400	800.00	320 000.00	
合　计					320 000.00	

会计主管：　　仓库主管：　　保管：　　经发：　　制单：

凭 4-7-3

中国银行进账单（回单或收账通知）

2011 年 12 月 7 日

收款人	全　称	中山电器公司	付款人	全　称	中原公司
	账　号	4085201-0188-0568		账　号	0402022619245124
	开户银行	中行河北省分行		开户银行	工行和平路分理处
人民币（大写）	肆拾叁万零伍佰陆拾元整			千百十万千百十元角分	¥43056000
票据种类					
票据张数					
单位主管　会计　复核　记账			收款人开户行盖章		

此联是收款人开户行开给收款人的收账通知单

凭 4-8-1

河北省石家庄市货物销售发票

（国家税务局监制 冀石家庄市）

发票联

发票代码 113010722131

客户名称：中山电器公司　　2011 年 12 月 9 日　　发票号码 09702288

货物名称	规格	单　位	数　量	单　价	金额（十万千百十元角分）
签字笔		支	10	4.50	4500
金额合计（大写）肆拾伍元整		汇丰文具商店 发票专用章			¥45.00

开票单位（章）　　开票人：张继华

第二联发票联（购货方收执）

凭 4-9-1

产品出库单

购货单位：红星贸易公司　　2011 年 12 月 10 日　　编号

编号	名称及规格	单位	数量	单位成本	总成本	备注
	电风扇	台	2 000	800.00	1 600 000.00	委托代销
合　计					1 600 000.00	

会计主管：　　仓库主管：　　保管：　　经发：　　制单：

凭 4-10-1

全国统一发票监制章 河北 国家税务总局监制

1300045322　　河北省增值税专用发票　　No. 12457695

此联不作报销扣税凭证使用　　开票日期：2011 年 12 月 6 日

购货单位	名　称：东风机械厂 纳税人识别号：130105074135246 地址、电话：88663742 开户行及账号：工行 0402022619367423			密码区			
货物或应税劳务名称	规格型号	单位	数量	单价	金额	税率	税额
圆钢		千克	200	30.00	6 000.00	17%	1 020.00
合　计					¥6 000.00		¥1 020.00
价税合计（大写）	柒仟零贰拾元整		（小写）¥7 020.00				
销货单位	名　称：中山电器公司 纳税人识别号：130105078578668 地址、电话：石家庄市和平西路 168 号 开户行及账号：中行 4085201-0188-0568			备注			

国税函[2011] 1321 号北京印钞厂

第三联：记账联 销货方记账凭证

收款人：　　复核：　　开票人：　　销货单位：（章）

中山电器公司 发票专用章

凭 4-10-2

材料出库单

购货单位：东风机械厂　　2011年12月11日　　编号

编号	名称及规格	单位	数量	单位成本	总成本	备注
	圆钢	千克	200	19.00	3 800.00	多余原材料
合　计					3 800.00	

会计主管：　　仓库主管：　　保管：　　经发：　　制单：

凭 4-10-3

中国银行信汇凭证（收账通知）　4

No. 010248

委托日期 2011年12月11日

汇款人	全称	东风机械厂	收款人	全称	中山电器公司
	账号或住址	0402022619367423		账号或住址	4085201-0188-0568
	汇出地点	天津市；汇出行名称：工行天津分行		汇入地点	河北省石家庄市；汇入行名称：中行河北省分行

金额	千	百	十	万	千	百	十	元	角	分
人民币（大写）柒仟零贰拾元整				¥	7	0	2	0	0	0

汇款用途：货款

上列款项已代进账，如有错，请持此联来行面洽。 汇入行 盖　章 中国银行河北省分行 2011.12.11	上列款项已照收无误 收款人盖章 年　月　日	科目（借） 对方科目（贷） 汇入行解汇日期 2011年12月11日 复核　记账　出纳

此联给收款人的收账通知或代取款收据

凭 4-11-1

河北省石家庄市广告业发费

缴款单位
或个人姓名：中山电器公司　　2011 年 12 月 15 日　　No.6609288

收费项目	计量单位	数量	单价	金额 千	百	十	万	千	百	十	元	角	分
广告费							1	2	0	0	0	0	0
合计金额（大写）：壹万贰仟元整				￥ 12 000.00									

第二联 收据

收费单位：石家庄日报社　　收款人：陈雨

石家庄日报社 财务专用章

全国统一发票监制章 石家庄市地方税务局监制

凭 4-11-2

中国银行
转账支票存根

支票号码　1386656

附加信息

出票日期：2011年12月15日

收款人：	石家庄日报社
金　额：	12 000.00
用　途：	支付广告费

单位主管　　会计

凭 4-12-1

设备报废申请单

2011 年 12 月 18 日

设备名称	车床	预计使用年限	10 年	已使用年限	10 年
设备编号	ZS104-05	原始价值	15 000.00	已提折旧	14 000.00
使用部门	一车间	折余价值	1 000.00	预计净残值	1 000.00
报废原因	机器磨损	技术部门意见	主要部件磨损严重，达不到技术标准，已不能生产出合格产品。 陈晓阳		
报废处理建议	送废品公司回收	设备部门意见	同意报废。 刘建成		
企业领导意见	同意 李建新	报废日期	2011 年 12 月 18 日		

经办部门：设备科　　　　经办人：洪青岩

凭 4-12-2

全国统一发票监制章 冀石家庄市地方税务局监制

河北省企业单位统一收费收据

No：031258

2011 年 12 月 18 日

付款单位	废品回收公司	支付方式	现金
人民币（大写）	贰仟元整		百 十 万 千 百 十 元 角 分 ¥ 2 0 0 0 0 0
收款项目	废旧物资		

收款单位：中山电器公司财务专用章　　会计：　　经手：

凭 4-12-3

河北省石家庄市服务业发票

发 票 联

发票代码：213478570602

付款单位（个人）：中山电器公司　　　　发票号码：73005623

项　目	单 位	数 量	单 价	金额							备　注
				万	千	百	十	元	角	分	
清理费	天	1	50.00				5	0	0	0	
合计（大写）	零万零仟零百伍拾零元零角零分		（小写）¥50.00								

收款单位（盖章有效）：清洁公司财务专用章　　开票人：张良　　2011年12月18日

第二联 发票联（购货方收执）

凭 4-13-1

河北省邯郸市服务业发票

发 票 联

发票代码：213578670618

付款单位（个人）：中山电器公司　　　　发票号码：63015625

项　目	单 位	数 量	单 价	金额							备　注
				万	千	百	十	元	角	分	
住宿费	天	3	120.00			3	6	0	0	0	
合计（大写）	叁百陆拾零元整		（小写）¥360．00								

收款单位（盖章有效）：天鹅宾馆财务专用章　　开票人：张倩　　2011年12月21日

第二联 发票联（购货方收执）

凭 4-13-2

河北省财政厅 票据印制章

河北省行政事业性统一收费票据

缴款单位
或个人姓名：中山电器公司　　　　2011 年 12 月 18 日　　　　No.7806113

收费项目	计量单位	数　量	单　价	金额 千	百	十	万	千	百	十	元	角	分
计算机培训费									2	0	0	0	0
合计金额（大写）：贰佰元整				￥200.00									

第二联 收据

新华计算机培训学校 财务专用章

收费单位：新华计算机培训学校　　　　收款人：刘敏

凭 4-13-3

差旅费报销单

单位：技术部　　　　2011 年 12 月 22 日　　　　编号：

石家庄市统一凭证

姓名	杨广利				出差任务	参加培训学习				出差天数	5 天
出差日期及起止地点				车船费	住宿费	夜间乘车补助		住勤途中补助		其他	合　计
月	日	时	出发——到站			日　数	金　额	日　数	金　额	培训费	
12	18		石家庄-邯郸	55.00	360.00			3	45.00	200.00	715.00
12	22		邯郸-石家庄	55.00							
合计（大写）				柒佰壹拾伍元整							

附凭证 4 张

审核：　　　　部门负责人：李晓东　　　　报销人：杨广利

凭 4-14-1

全国统一发票监制章 地方税务局监制

河北省石家庄市服务业发票

缴款单位
或个人姓名：中山电器公司　　2011 年 12 月 25 日　　No：6609106

收费项目	计量单位	数　量	单　价	金额 千	百	十	万	千	百	十	元	角	分
审计费	项	1	8 000.00					8	0	0	0	0	0
		立信会计师											
		事务所											
		财务专用章											
合计金额（大写）：捌仟元整			￥ 8 000.00										

第二联 收据

收费单位：立信会计师事务所　　收款人：李英

凭 4-14-2

中国银行
转账支票存根

支票号码　1386657

附加信息

出票日期：2011年12月25日

收款人：	立信会计师事务所
金　额：	8 000.00
用　途：	支付审计费

单位主管　　会计

凭 4-15-1

红星贸易公司代销清单

No：168733

委托人：中山电器公司　　2011 年 12 月 28 日

产品名称	数量（台）	委托价（元）	金额（元）	备　注
电风扇	2 000	900.00	1 800 000.00	12月10日委托
合计金额（大写）	壹佰捌拾万元整	￥1 800 000.00		

凭 4-15-2

全国统一发票监制章 河北 国家税务总局监制

1300045374　　**河北省增值税专用发票**　　No. 124576745

此联不作报销扣税凭证使用　　开票日期：2011 年 12 月 28 日

购货单位	名　　称：红星贸易公司 纳税人识别号：130105091478466 地 址、电 话：87824321 开户行及账号：工行 0402022617436267			密码区			
货物或应税劳务名称	规格型号	单位	数量	单价	金额	税率	税额
电风扇		台	2 000	900.00	1 800 000.00	17%	306 000.00
合　计					￥1 800 000.00		￥306 000.00
价税合计（大写）	贰佰壹拾万零陆仟元整　　（小写）￥2 106 000.00						
销货单位	名　　称：中山电器公司 纳税人识别号：130105078578668 地 址、电 话：石家庄市和平西路 168 号 开户行及账号：中行 4085201-0188-0568			备注			

收款人：　　复核：　　开票人：　　销货单位：（章）　中山电器公司 发票专用章

国税函[2011] 1321 号北京印钞厂

第三联：记账联 销货方记账凭证

凭 4-16-1

国家税务总局河北省支局

No：138395264

企业进货退出及索取折让证明单

销货单位	全称	中山电器公司			
	纳税人登记号	130105078578668			
进货退出	货物名称	货款	税额	要　求	
				退货金额	退货税额
	电熨斗	200 000.00	34 000.00	200 000.00	34 000.00
进货退出理由	质量不合格 经办人： 单位签章 2011年12月29日		征收机关签章	同意 经办人： 2011年12月29日	
购货单位	全称	东方公司			
	纳税人登记号	130105074132946			

凭 4-16-2

全国统一发票监制章 河北 国家税务总局监制

河北省增值税专用发票

1300085322 No. 12454685

此联不作报销扣税凭证使用 开票日期：2011 年 12 月 29 日

购货单位	名称：东方公司 纳税人识别号：130105074132946 地址、电话：87431825 开户行及账号：工行 0402022619248321			密码区			
货物或应税劳务名称	规格型号	单位	数量	单价	金额	税率	税额
电熨斗		个	800	250.00	-200 000.00	17%	-34 000.00
合计					￥-200 000.00		￥-34 000.00
价税合计（大写）	贰拾叁万肆仟元整		（小写）￥-234 000.00				
销货单位	名称：中山电器公司 纳税人识别号：130105078578668 地址、电话：石家庄市和平西路 168 号 开户行及账号：中行 4085201-0188-0568			备注			

国税函[2011] 1321 号北京印钞厂

第三联：记账联 销货方记账凭证

收款人： 复核： 开票人： 销货单位：（章） 中山电器公司 发票专用章

凭 4-16-3

中国银行信汇凭证（回单） 1 No.010358

委托日期 2011 年 12 月 29 日

汇款人	全称	中山电器公司		收款人	全称	东方公司	
	账号或住址	4085201-0188-0568			账号或住址	0402022619248321	
	汇出地点	河北省石家庄市	汇出行名称：中行		汇入地点	河北省石家庄市	汇入行名称：工行

金额	人民币（大写）	千	百	十	万	千	百	十	元	角	分
	贰拾叁万肆仟元整		￥	2	3	4	0	0	0	0	0

汇款用途：销货退回业务返款

上列款项已根据委托办理，如须查询，请持此回单来行面洽。

汇出行盖章

2011 年 12 月 29 日

单位主管： 会计： 复核： 记账：

凭 4-16-4

产品入库单

收到：电熨斗　　2011 年 12 月 29 日　　编号

编号	名称及规格	单位	数量	单位成本	总成本	备注
	电熨斗	个	800	180.00	144 000.00	因质量问题退货
合计			800		144 000.00	

凭 4-17-1

流动资产清查报告单

2011 年 12 月 31 日　　No：1201

类别	财产名称	单位	单价	账面数量	实物数量	盘盈		盘亏		盈亏原因
						数量	金额	数量	金额	
	圆钢	千克	20.00	5 800	5 885	85	1 700.00			计量不准
合　计				5 800	5 885	85	1 700.00			

凭 4-17-2

固定资产清查报告单

2011 年 12 月 31 日　　No：1202

固定资产编号	固定资产名称	盘盈			盘亏			原因
		数量	重置估价	估计折旧	数量	原价	已提折旧	
1006	电焊机				1	4 500.00	810.00	被盗
合　计					1	4 500.00	810.00	
处理意见	使用部门	清查小组			审批部门			
	辅助车间使用	被盗			同意			

凭 4-17-3

财产清查结果处理决定

财务部：

一车间盘亏电焊机一台，因被盗无法追回，予以核销，其损失由公司保卫部当班值守人员刘欣负责赔偿60%，其余做营业外支出；盘盈圆钢属于计量不准造成，冲减管理费用。

张晓天

2011年12月31日

凭 4-18-1

中国银行贷款利息通知单（支款通知）

2011 年 12 月 31 日

<table>
<tr><td rowspan="2">贷　款</td><td>账号</td><td>4085201-0188-0568</td><td colspan="4">利息基数</td><td colspan="6">100 000.00</td></tr>
<tr><td>户名</td><td>中山电器公司</td><td colspan="4">利率</td><td colspan="6">月0.5%</td></tr>
<tr><td rowspan="2">利息金额合计
人民币（大写）</td><td colspan="2" rowspan="2">壹仟伍佰元整</td><td>千</td><td>百</td><td>十</td><td>万</td><td>千</td><td>百</td><td>十</td><td>元</td><td>角</td><td>分</td></tr>
<tr><td></td><td></td><td></td><td>¥</td><td>1</td><td>5</td><td>0</td><td>0</td><td>0</td><td>0</td></tr>
<tr><td>计息期：
10月～12月</td><td colspan="2">上列贷款利息已从你单位结算存款账户如数支付，请即入账。

（银行盖章）</td><td colspan="10">科目
转账
复核　　记账　　制单
2011年12月31日</td></tr>
</table>

凭 4-19-1

领　料　单

领料单位：销售部　　　　2011 年 12 月 31 日　　　　编号：

编　号	名称及规格	单　位	数　量	单位成本	总成本	备　注
	包装箱	个	180	40.00	7 200.00	
合　计			160		7 200.00	

会计主管：　　仓库主管：　　保管：　　经发：　　制单：

凭 4-20-1

销售成本计算表

2011 年 12 月 31 日

产品名称	单　位	本月销售		
		数量	单位成本	金额
电风扇	台		800.00	
电吹风	个		200.00	
电熨斗	个		180.00	
合　计				

凭 4-21-1

纳税申报表

填表日期　2011 年 12 月 31 日　　　　金额单位：元

<table>
<tr><td colspan="2">纳税人名称</td><td colspan="3">中山电器公司</td><td colspan="2">纳税人识别号</td><td colspan="2">130105078578668</td></tr>
<tr><td colspan="2" rowspan="2">税款所属时期</td><td colspan="3" rowspan="2">2011年12月至2011年12月</td><td colspan="3">城市维护建设税收缴款书号码</td><td></td></tr>
<tr><td colspan="3">教育费附加收缴款书号码</td><td></td></tr>
<tr><td>税种</td><td>应税项目</td><td>税目</td><td>计税依据</td><td>税（费）率</td><td>应纳税（费）额</td><td>减免税（费）额</td><td>批准缓税（费）额</td><td>本期申报应纳税（费）额</td></tr>
<tr><td>①</td><td>②</td><td>③</td><td>④</td><td>⑤</td><td>⑥</td><td>⑦</td><td>⑧</td><td>⑨=⑥-⑦-⑧</td></tr>
<tr><td>城市维护建设税</td><td></td><td></td><td>430 950</td><td>7%</td><td>30 166.50</td><td></td><td></td><td>30 166.50</td></tr>
<tr><td>教育费附加</td><td></td><td></td><td>430 950</td><td>3%</td><td>12 928.50</td><td></td><td></td><td>12 928.50</td></tr>
<tr><td>合计</td><td></td><td></td><td></td><td></td><td></td><td></td><td></td><td>43 095.00</td></tr>
<tr><td colspan="4">如纳税人填报，由纳税人填报以下各栏</td><td colspan="5">如委托税务代理机构填报，由税务代理机构填写以下各栏</td></tr>
<tr><td colspan="2" rowspan="2">会计主管
（签章）</td><td colspan="2" rowspan="2">经办人
（签章）</td><td colspan="2">税务代理机构名称</td><td colspan="2"></td><td rowspan="2">税务代理机构
（公章）</td></tr>
<tr><td colspan="2">税务代理机构地址</td><td colspan="2"></td></tr>
<tr><td rowspan="3">申
请
声
明</td><td colspan="3" rowspan="3">此纳税申报表是根据国家税收法律的规定填报的，我确信它是真实的、可靠的、完整的。
声明人：
（法定代表人签字或盖章）
（公章）</td><td>代理人
（签章）</td><td></td><td>联系
电话</td><td colspan="2"></td></tr>
<tr><td colspan="5">以下由税务机关填写</td></tr>
<tr><td colspan="2">收到申报表日期</td><td></td><td>接收人</td><td></td></tr>
</table>

河北省地方税务局监制

凭 4-22-1

损益类账户结转表

2011 年 12 月 31 日

项　　目	借方金额	贷方金额
主营业务收入		
主营业务成本		
主营业务税金及附加		
其他业务收入		
其他业务成本		
销售费用		
管理费用		
财务费用		
投资收益		
营业外收入		
营业外支出		
合　　计		

制表：　　　　　　　　　　　　复核：

凭 4-22-2

所得税计算表

2011 年 12 月 31 日

计税依据（本期利润总额）	税率	金额
	25%	

制表：　　　　　　　　　　　　复核：

凭 4-22-3

所得税结转表

2011 年 12 月 31 日

应借科目	应贷科目—所得税
本年利润	

制表：　　　　　　复核：

凭 4-23-1

全年净利润结转表

2011 年 12 月 31 日

应贷科目 / 应借科目	利润分配—未分配利润
本年利润	

制表：　　　　　　　　　　　　复核：

凭 4-24-1

盈余公积计算表

2011 年 12 月 31 日

项　目	金　额
全年净利润	
提取盈余公积	

制表：　　　　　　　　　　复核：

凭 4-25-1

应付利润计算表

2011 年 12 月 31 日

项　目	金　额
全年净利润	
应付利润	

制表：　　　　　　　　　　复核：

凭 4-26-1

已分配利润结转表

2011 年 12 月 31 日

项　目	金　额
利润分配——提取法定盈余公积	
利润分配——应付利润	
合　计	

制表：　　　　　　　　　　复核：

六、实训报告

______________________实训报告

实训项目				成绩	
专业、年级				指导教师	
报告人		学号		实训学时	
实训日期				实训地点	
实训目的					
实训内容					
实训要求					
实训存在的问题及解决方法					
实训体会及建议					
实训评价					

模块五 往来会计岗位实训

一、岗位职责

（1）会同有关部门制定本企业的信用政策，建立、健全往来款项结算与核对程序和制度，明确应收款项管理责任，了解客户资信情况，防止坏账损失。

（2）负责与各往来单位的款项结算与对账工作，并定期进行往来分析。

（3）负责供应商管理，敦促有关方面及时进行往来款项的结算。

（4）会同有关部门定期组织往来款项的核对，做好往来款项的清收及核销工作，以提高企业资金的利用效率。

（5）期末计提商业汇票利息，分配长期应收、应付款融资收益或费用，计提坏账准备金。

（6）办理企业应收票据贴现、应收账款抵借等业务。

二、实训目的

通过往来款项有关业务的实训，使学生掌握应收账款、应付账款、预付账款、预收账款和其他应收款的核算，掌握坏账准备的处理方法。

三、实训业务

（一）初始数据和核算方法

1. 公司概况

企业名称：天星机箱厂
地　　址：石家庄市黄河大道156号
联系电话：0311-86585623
法定代表人：李洪涛
注册资金：伍佰万元整
企业类型：国有企业
经营范围：生产销售机箱
纳税人登记号：123786789876543
企业代码：176948789
开户银行账户：中国银行河北省分行　666-101-55
证券资金账户：河北省财达证券有限责任公司自强路营业部　2868

2. 初始数据

天星机箱厂2011年11月30日有关往来账户总账、明细账余额如下。

（1）应收票据总账余额为563 000元，其明细账户余额为：

青山公司　63 000

康德公司 300 000

文峰公司 200 000

（2）应收账款总账余额为 893 000 元，其明细账户为：

顺德公司 93 000

大华公司 400 000

佳信公司 400 000

坏账准备总账余额为 68 000

（3）其他应收款总账余额为 80 000 元，其明细账余额为：

兴凯公司 20 000

大华公司 60 000

3. 核算方法

（1）应收账款和应付账款采用总价法核算。

（2）年末按应收账款余额 2%计提坏账准备，其他应收款按 1%计提坏账准备。

（二）有关业务

（1）12 月 1 日，采购一批材料，发票列示价款 10 000 元，增值税 1 700 元，材料已验收入库，价款、税款均为支付。

（2）12 月 4 日，信汇给天津泰康公司 7 000 元，预付材料款。

（3）12 月 2 日，向天津大兴钢材厂购入钢钉 800 盒，单价 13 元；中轮 300 盒，单价 50 元；螺帽 750 盒，单价 10 元，发票金额 32 900 元，增值税 5 593 元，签发商业承兑汇票，材料尚未运达企业。

（4）12 月 2 日，收到宏达商贸公司交来银行承兑汇票，金额 76 160 元，系结算上月货款。

（5）6 日，向纪峰公司销售产品 50 箱，单价 480 元，增值税 4 080 元，收到商业承兑汇票。

（6）7 日，收到银行通知，9 月份向天津化轻公司承兑的商业承兑汇票 29 250 元已划转。

（7）12 月 8 日，收到广州立新公司交来银行汇票一张，面额 20 000 元，预付货款。

（8）12 月 9 日，职工李晓东出差，预借差旅费 3 500 元。

（9）12 月 20 日，李晓东出差归来报销差旅费。

（10）20 日，售给鸿运公司产品 120 箱，单价 440 元，增值税 8 976 元，收到该公司的银行承兑汇票。

（11）21 日，售给天达公司产品 100 箱，单价 440 元，增值税 7 480 元，价款与税款均未收到。

（12）12 月 18 日，将金鑫公司的银行承兑汇票到银行贴现，面值 131 625 元。扣除贴现息 1 096.88 元，贴现实收款 130 528.12 元。

（13）12 月 15 日，将永新商贸集团商业承兑汇票背书转让给承德货运公司，偿还货款。

（14）12 月 22 日，华丰酒店因经营不善破产，原欠公司货款 3 000 元作为坏账处理。

（15）12 月 31 日，按 2%的比例计提坏账准备。

四、实训要求

（1）根据往来款项账户的期初余额以及发生经济业务涉及的债券、债务账户，开设总分类账户和明细分类账户。

（2）根据有关经济业务补充填写有关原始凭证。

（3）根据所列经济业务编制记账凭证。

（4）审核记账凭证，并根据审核无误的记账凭证登记有关总账、明细账和日记账。

五、实训资料

凭 5-1-1

7412563784　　河北省增值税专用发票　　No. 78542136

发　票　联

（全国统一发票监制章 国家税务总局监制）

开票日期：2011 年 12 月 1 日

购货单位	名　　称：天星机械厂 纳税人识别号：123456789876543 地 址、电 话：石家庄市黄河大道 156 号 开户行及账号：中行 666-010-55			密码区			
货物或应税劳务名称	规格型号	单位	数量	单价	金额	税率	税额
钢钉		公斤	2 000	5.00	10 000.00	17%	1 700.00
合　计					¥10 000.00		¥1 700.00
价税合计（大写）	壹万壹仟柒佰元零角零分　（小写）¥11 700.00						
销货单位	名　　称：石家庄市大地公司 纳税人识别号：3345678912345 地 址、电 话：石家庄市槐安路 89 号 开户行及账号：工商行 608-23-130			备注			

国税函[2003] 1321 号北京印钞厂

第二联：发票联 购货方记账凭证

收款人：　　复核：　　开票人：　　销货单位：（章）

石家庄市大地公司
发票专用章

凭 5-1-2

收 料 单

验收日期：2011 年 12 月 1 日

编号	材料名称	规格	送验数量	实收数量	单位	单价	金额 十	万	千	百	十	元	角	分
	钢钉		2 000	2 000	公斤	5.00		1	0	0	0	0	0	0
备　注		验收人盖　章	李华		合计¥10 000.00									

凭 5-2-1

中国银行信汇凭证（回单） 1　　No.010286

委托日期 2011年12月4日

<table>
<tr><td rowspan="3">汇款人</td><td>全称</td><td colspan="2">天星机箱厂</td><td rowspan="3">收款人</td><td>全称</td><td colspan="3">天津泰康公司</td></tr>
<tr><td>账号或住址</td><td colspan="2">中行 666-010-55
石家庄市黄河大道156号</td><td>账号或住址</td><td colspan="3">农行 789-520-89
天津市解放路</td></tr>
<tr><td>汇出地点</td><td></td><td>汇出行名称</td><td>汇入地点</td><td></td><td>汇入行名称</td><td></td></tr>
<tr><td>金额</td><td colspan="6">人民币：柒仟元整</td><td colspan="2">千 百 十 万 千 百 十 元 角 分
¥ 7 0 0 0 0 0</td></tr>
<tr><td colspan="7">汇款用途：预付材料款</td><td colspan="2" rowspan="2">汇出行盖章

2011年12月4日</td></tr>
<tr><td colspan="7">上列款项已根据委托办理，如须查询，请持此回单来行面洽。
单位主管：李娜　会计：张丹　复核：王敏　记账：朱红</td></tr>
</table>

此联是汇出行给汇款人的回单

凭 5-3-1

商业承兑汇票（存根） 1

签发日期 2011年12月3日　　第　　号

<table>
<tr><td rowspan="3">付款人</td><td>全称</td><td colspan="3">天星机箱厂</td><td rowspan="3">收款人</td><td>全称</td><td colspan="3">天津大兴钢材厂</td></tr>
<tr><td>账号</td><td colspan="3">666-010-55</td><td>账号</td><td colspan="3">44368110</td></tr>
<tr><td>开户银行</td><td>中行桥西支行</td><td>行号</td><td>310</td><td>开户银行</td><td>建行天津支行</td><td>行号</td><td>30112</td></tr>
<tr><td colspan="2">汇票金额</td><td colspan="6">人民币（大写） 叁万捌仟肆佰玖拾叁元整</td><td colspan="2">千 百 十 万 千 百 十 元 角 分
¥ 3 8 4 9 3 0 0</td></tr>
<tr><td colspan="2">汇票收到日期</td><td colspan="4">2012年2月3日</td><td colspan="2">交易合同号码</td><td colspan="2">#456</td></tr>
<tr><td colspan="6">本票请你单位承兑，并及时将承兑汇票寄交单位。
此致
承兑人
收款人盖章
负责　经办　年　月　日</td><td colspan="4">备注：</td></tr>
</table>

凭 5-3-2

全国统一发票监制章 天津 国家税务总局监制

天津市增值税专用发票

发票联

0312456870　　No. 03000412

开票日期：2011 年 12 月 2 日

购货单位					密码区			
名　称：天星机箱厂								
纳税人识别号：123456789876543								
地址、电话：石家庄市黄河大道 156 号								
开户行及账号：中行 666-010-55								
货物或应税劳务名称	规格型号	单位	数量	单价	金额	税率	税额	
钢钉		盒	800	13.00	10 400.00	17%	1 768.00	
中轮		盒	300	50.00	15 000.00		2 550.00	
螺帽		盒	750	10.00	7 500.00		1 275.00	
合　计					￥32 900.00		￥5 593.00	
价税合计（大写）	叁万捌仟肆佰玖拾叁元零角零分			（小写）	￥38 493.00			
销货单位					备注			
名　称：天津大兴钢材厂								
纳税人识别号：569874632556336								
地址、电话：天津市解放路 56 号								
开户行及账号：工商行 501-110-663								

国税函[2003] 1321 号北京印钞厂

第二联：发票联 购货方记账凭证

收款人：　　复核：　　开票人：　　销货单位：（章）

天津钢材厂
发票专用章

凭 5-4-1

银行承兑汇票　2

签发日期 2011 年 11 月 29 日　　第　号

收款人	全称	天星机箱厂	承兑申请人	全称	宏达商贸公司	
	账号	666-010-55		账号	44368220	
	开户银行	中行桥西支行　行号 310		开户银行	建行廊坊支行	行号 30112
汇款金额	人民币（大写）	柒万陆仟壹佰陆拾元整			千百十万千百十元角分	￥7 6 1 6 0 0 0
汇到日期	2012 年 2 月 29 日					
本汇票送请你行承兑，并确认《银行结算办法》和承兑协议的各项规定。			承兑协议编号	#00126	交易合同号码	#269

本汇票送请你行承兑，并确认《银行结算办法》和承兑协议的各项规定。

此致

承兑银行

承兑申请人盖章

河北宏达商贸公司
财务专用章

2011 年 11 月 29 日

敬礼

本汇票经本行承兑。到期日由本行付交。

承兑银行盖章

中国建设银行廊坊市
支行业务专用

2011 年 11 月 29 日

汇票签发人盖章

负责　　经办

科目（付）

对方科目（收）

转账日期　　年　月　日

复核　　经办

此联是收款人开户行随委托收款凭证寄付款行作借方凭证附件

凭 5-5-1

全国统一发票监制章 河北 国家税务总局监制

1304257869X　　河北省增值税专用发票　　No. 13000425

此联不作报销、扣税凭证使用　　开票日期：2011 年 12 月 6 日

购货单位	名　　称：纪峰公司 纳税人识别号：478568974569655 地 址、电 话：廊坊市金光道 99 号 开户行及账号：工商行 123-456789			密码区			
货物或应税劳务名称	规格型号	单位	数量	单价	金额	税率	税额
机箱		箱	50	480.00	24 000.00	17%	4 080.00
合　计					24 000.00		4 080.00
价税合计（大写）	贰万捌仟零捌拾元零角零分			（小写）￥28 080.00			
销货单位	名　　称：天星机箱厂 纳税人识别号：123456789876543 地 址、电 话：石家庄市黄河大道 156 号 开户行及账号：中行 666-010-55			备注			

收款人：　　复核：　　开票人：　　销货单位：（章）天星机箱厂发票专用章

国税函[2011] 1321 号北京印钞厂

第三联：记账联 销货方记账凭证

凭 5-5-2

商业承兑汇票　　2

签发日期　2011 年 12 月 6 日　　第　　号

付款人	全称	纪峰公司	收款人	全称	天星机箱厂
	账号	123-456789		账号	666-010-55
	开户银行	工商行金光道支行　行号		开户银行	中国银行河北省分行　行号
汇票金额	人民币（大写）贰万捌仟零捌拾元整				千 百 十 万 千 百 十 元 角 分 　　￥ 2 8 0 8 0 0 0
汇票收到日期	2012 年 3 月 6 日		交易合同号码		

本汇票已经本单位承兑，到期无条件支付票款。

此致

收款人 李红

付款人盖章 纪峰公司财务专用章

负责　　经办　　2011 年 12 月 6 日

汇票签发人盖章 纪峰公司财务专用章

负责　　经办 李红

此联是持票人开户行随委托收款凭证寄付款人开户行作借方凭证附件

凭 5-6-1

商业承兑汇票（存根） 3

签发日期 2011 年 9 月 7 日　　　　第　　号

付款人	全称	天星机箱厂		收款人	全称	天津化轻工业公司	
	账号	666-010-55			账号	201-035-58	
	开户银行	中行河北省分行	行号		开户银行	工商行天津分行	行号
汇票金额		人民币（大写） 贰万玖仟贰佰伍拾元整				千百十万千百十元角分 ¥2925000 0	
汇票收到日期		2011 年 12 月 7 日		交易合同号码		# 1234	
备注：				负责　　经办			

千	百	十	万	千	百	十	元	角	分
		¥	2	9	2	5	0	0	0

此联出票人存查

凭 5-6-2

委托收款凭证（付账通知）

委托日期 2011 年 12 月 4 日

付款人	全　称	天星机箱厂	收款人	全　称	天津化轻工业公司
	账　号或地址	666-010-55		账　号或地址	201-0046-78
	开户银行	中行河北分行		开户银行	工商行天津分行
委收金额		人民币（大写） 贰万玖仟贰佰伍拾元整			
款项内容	货款	委托收款凭据名称	商业承兑汇票		
备注： 中国银行河北分行 2011.12.6			付款单位注意： 1. 根据结算方法，上列委托收款，如在付款期内未拒付时，即视同全部同意付款，以此联代付款通知。 2. 如需提前付款或多付款时，应另写书面通知送银行办理。 3. 如系全部或部分拒付，应在付款期内另填拒付款理由书送银行办理。		

千	百	十	万	千	百	十	元	角	分
		¥	2	9	2	5	0	0	0

单位主管　　会计　　复核　　记账　　付款人开户行盖章　　年　月　日

凭 5-7-1

中国银行进账单（回单或收账通知）

收款人	全　称	天星机箱厂	付款人	全　称	立新公司
	账　号	666-010-55		账　号	201-0046-78
	开户银行	中行河北分行		开户银行	工商行天津分行

人民币（大写）	千	百	十	万	千	百	十	元	角	分
贰万元整				2	0	0	0	0	0	0

票据种类		
票据张数		
单位主管　会计　复核　记账		收款人开户行盖章

凭 5-8-1

借　款　单

部门	销售部	职务	销售部经理	姓名	李晓东	盖章	
借款金额	人民币叁仟伍佰元整						
借款原因	去广州参加博览会						
还款日期	2011.12.20				附证件		
批　核							

会计：王娜　　　　出纳：王芳　　　　制单：赵欣

凭 5-9-1

差旅费报销单

2011.12.20

单位名称	销售部	姓名	李晓东		职别	销售部经理		
出差事由	开会				出差日期	自2011年12月9日		
到达地点	广州					至2011年12月20日		
项目金额	交通工具				其他		住宿费	伙食补助
	火车	汽车	飞机	轮船	通信费	市内交通费	住3天	在途4天
			2560.00		150.00	120.00	540.00	80.00
总计人民币金额（大写）叁仟肆佰伍拾元整　　￥3 450.00								
原借金额	3 500.00	报销金额	3 450.00		交结余或超支金额	50.00		
主管：　　领款人：李晓东					月	日	顺序号	明细科目编号

凭 5-9-2

借款结算联

借款人	李晓东
日期 / 金额	12月20日
借款金额	3 500.00
报销金额	3 450.00
交回金额	50.00
结付金额	
借款人签章	李晓东

凭 5-10-1

全国统一发票监制章 河北 国家税务总局监制

河北省增值税专用发票

1304527845X　　　　No. 13000742

此联不作报销、扣税凭证使用　　开票日期：2011 年 12 月 20 日

购货单位	名称：鸿运公司 纳税人识别号：654321987123456 地址、电话：天津市滨河路 56 号 开户行及账号：工商行 201-330-0142	密码区				
货物或应税劳务名称	规格型号	单位	数量	单价	金额	税率	税额
机箱		箱	120	440.00	52 800.00	17%	8 976.00
合　计					52 800.00		8 976.00
价税合计（大写）	陆万壹仟柒佰柒拾陆元零角零分		（小写）￥61 776.00				
销货单位	名称：天星机箱厂 纳税人识别号：123456789876543 地址、电话：石家庄市黄河大道 156 号 开户行及账号：中行 666-010-55	备注					

收款人：　　复核：　　开票人：　　销货单位：（章）

天星机箱厂
发票专用章

国税函[2011] 1321 号北京印钞厂

第三联：记账联 销货方记账凭证

凭 5-10-2

银行承兑汇票　　2

签发日期 2011 年 12 月 20 日　　　　第　号

收款人	全　称	天星机箱厂		承兑申请人	全　称	鸿运公司
	账　号	666-010-55			账　号	201-330-0142
	开户银行	中行桥西支行	行号 310		开户银行	工商行滨江分处　行号 201
汇款金额	人民币（大写）	陆万壹仟柒佰柒拾陆元整			千百十万千百十元角分	￥6177600
汇到日期	2012 年 6 月 20 日					
本汇票送请你行承兑，并确认《银行结算办法》和承兑协议的各项规定。 此致 承兑银行 承兑申请人盖章　鸿运公司 财务专用章 2011 年 12 月 20 日		承兑协议编号 #00127 汇票签发人盖章 负责　　经办		交易合同号码 #274 科目（付） 对方科目（收） 转账日期　年　月　日 复核　　经办		
本汇票经本行承兑。到期日由本行付交。 承兑银行盖章　中国工商银行天津分行 滨江分理处业务专用 2011.12.20 年　月　日						

此联是收款人开户行随委托收款凭证寄付款行作借方凭证附件

凭 5-10-3

产品出库单

购货单位：鸿运公司　　　　2011 年 12 月 20 日　　　　编号

编号	名称	规格	单位	数量	单价	金额	备注
	机箱		箱	120	440.00	52 800.00	
合计				120	440.00	52 800.00	

会计主管：　　仓库主管：　　保管：　　经发：　　制单：

凭 5-11-1

全国统一发票监制章 河北 国家税务总局监制

河北省增值税专用发票

1307567575875 No. 13000412

此联不作报销、扣税凭证使用 开票日期：2011 年 12 月 21 日

国税函[2011] 1321 号北京印钞厂

购货单位	名称：天达公司 纳税人识别号：654321987123456 地址、电话：天津市滨河路 56 号 开户行及账号：工商行 201-330-0142			密码区			
货物或应税劳务名称	规格型号	单位	数量	单价	金额	税率	税额
机箱		箱	100	440.00	44 000.00	17%	7 480.00
合计					44 000.00		7 480.00
价税合计（大写）	伍万壹仟肆佰捌拾元零角零分			（小写）￥51 480.00			
销货单位	名称：天星机箱厂 纳税人识别号：123456789876543 地址、电话：石家庄市黄河大道 156 号 开户行及账号：中行 666-010-55			备注			

第三联：记账联 销货方记账凭证

收款人： 复核： 开票人： 销货单位：（章）

天星机箱厂
发票专用章

凭 5-11-2

产品出库单

购货单位：鸿运公司 2011 年 12 月 21 日 编号

编号	名称	规格	单位	数量	单价	金额	备注
	机箱		箱	100	440.00	44 000.00	
合计				100	440.00	44 000.00	

会计主管： 仓库主管： 保管： 经发： 制单：

凭 5-12-1

贴现凭证（收账通知） ④

填写日期 2011 年 12 月 18 日　　　　第　　号

贴现汇票	种类	商业承兑汇票	号码	125	申请人	全称	天星机箱厂
	发票日	2011 年 10 月 18 日				账号	666-010-55
	到期日	2012 年 1 月 18 日				开户银行	中国银行河北省分行
汇票承兑人（或银行）	名称	金鑫公司	账号	123-456789	开户银行	工商行廊坊支行	

汇票金额（即贴现金额）	人民币(大写) 壹拾叁万壹仟陆佰贰拾伍元整	千	百	十	万	千	百	十	元	角	分
			¥	1	3	1	6	2	5	0	0

贴现率每月	0.83333 ‰	贴现利息	千	百	十	万	千	百	十	元	角	分	实付贴现金额	千	百	十	万	千	百	十	元	角	分
						¥	1	0	9	6	8	8			¥	1	3	0	5	2	8	1	2

上述款项已转入你单位账户。 此致 银行盖章　［中国银行河北省分行业务章 2011.10.18］ 年　月　日	备注：

此联是银行给贴现申请人的收账通知

凭 5-13-1

注 意 事 项

一、收款人必须将本汇票和解讫通知同时提交开户银行，两者缺一无效。

二、本汇票经背书可以转让。

被背书人承德货运公司	被背书人	被背书人
背书 ［天星机箱厂财务专用章］	背书	背书
日期 2011 年 12 月 15 日	日期　年　月　日	日期　年　月　日

凭 5-14-1

企业坏账审批表

2011 年 12 月 22 日

往来单位	华丰酒店	款项内容	应收货款	账龄	9 个月
坏账原因		财务部门意见		领导审批意见	
华丰酒店因经营不善破产，原欠货款 3 000.00 元因华丰酒店无力清偿，不能收回。 天星机箱厂 财务专用章		同意作坏账处理。 周建民 2011.12.22		同意。 李洪涛 2011.12.22	
人民币（大写）：叁仟元整			￥3 000.00		

凭 5-15-1

坏账准备计算表

2011 年 12 月 31 日

	应收账款	坏账准备	备注
年初余额	400 000		
本年增加应收账款	100 000		
本年收回应收账款	200 000		
坏账损失	3 000		
坏账重新收回	0		
应收账款年末余额	270 000		
本年计提坏账准备			
坏账准备年末余额			

会计主管: 制单:

六、实训报告

____________________实训报告

<table>
<tr><td colspan="2">实训项目</td><td colspan="4"></td><td>成绩</td><td></td></tr>
<tr><td colspan="2">专业、年级</td><td colspan="3"></td><td>指导教师</td><td colspan="2"></td></tr>
<tr><td colspan="2">报告人</td><td></td><td>学号</td><td></td><td>实训学时</td><td colspan="2"></td></tr>
<tr><td colspan="2">实训日期</td><td colspan="3"></td><td>实训地点</td><td colspan="2"></td></tr>
<tr><td>实训目的</td><td colspan="7"></td></tr>
<tr><td>实训内容</td><td colspan="7"></td></tr>
<tr><td>实训要求</td><td colspan="7"></td></tr>
<tr><td>实训存在的问题及解决方法</td><td colspan="7"></td></tr>
<tr><td>实训体会及建议</td><td colspan="7"></td></tr>
<tr><td>实训评价</td><td colspan="7"></td></tr>
</table>

模块六　会计报表岗位实训

一、岗位职责

（1）负责保管总账和明细账，年底按会计档案的要求整理与装订总账及明细账。

（2）编制会计报表并进行分析，写出综合分析报告。

（3）其他与账务处理有关事项。

二、实训目的

通过本模块的实训让学生全面熟悉会计报表岗位的基本职责、编制程序；掌握资产负债表、利润表和利润分配表的内容和编制方法。

三、实训业务

天华公司 2010 年 12 月 31 日资产负债表（年初余额略）及 2011 年 12 月 31 日的科目余额表见表 6-1、表 6-2。假设该公司 2011 年度除计提固定资产减值准备导致固定资产账面价值与计税基础存在可抵扣暂时性差异外，其他资产和负债项目的账面价值均等于其计税基础。假设天华公司未来很可能获得足够的应纳税所得额用来抵扣可抵扣暂时性差异，适用的所得税率为 25%。

2011 年年末有关账户的明细账户余额如下：

应收账款借方余额 1 174 000 元、贷方余额 234 000 元，预付账款借方余额 48 000 元、贷方余额 12 000 元，应付账款借方余额 80 000 元、贷方余额 540 000 元，预收账款借方余额 0 元、贷方余额 7 000 元。

天华公司 2011 年度有关损益类科目本年累计发生净额见表 6-3。

四、实训要求

根据以上资料，分别编制表 6-4、表 6-5。

五、实训资料

表 6-1

资产负债表　　会企 01 表

编制单位：天华公司　　2010 年 12 月 31 日　　单位：元

资产	期末余额	期初余额	负债和所有者权益（或股东权益）	期末余额	期初余额
流动资产：			流动负债		
货币资金	474 120		短期借款	60 000	
交易性金融资产			交易性金融负债		
应收票据	600 000		应付票据	180 000	
应收账款	860 240		应付账款	300 000	
预付账款	50 000		预收账款	40 000	
应收利息			应付职工薪酬	86 880	
应收股利			应交税费	254 200	
其他应收款	45 000		应付利息	26 200	
存货	1 500 450		应付股利		
一年内到期的非流动资产			其他应付款	4 000	
其他流动资产			一年内到期的非流动负债		
流动资产合计	3 529 810		其他流动负债		
非流动资产			流动负债合计	951 280	
可供出售金融资产			非流动负债		
持有至到期投资			长期借款	1 458 000	
长期应收款			应付债券		
长期股权投资	850 000		长期应付款		
投资性房地产			专项应付款		
固定资产	8 977 040		预计负债		
在建工程			递延所得税负债		
工程物资	121 500		其他非流动负债		
固定资产清理			非流动负债合计	1 458 000	
生产性生物资产			负债合计	2 409 280	
油气资产			所有者权益（或股东权益）		
无形资产	200 000		实收资本（或股本）	6 000 000	
开发支出			资本公积	600 000	
商誉			减：库存股		
长期待摊费用	140 000		盈余公积	862 180	
递延所得税资产			未分配利润	3 946 890	
其他非流动资产			所有者权益（或股东权益）合计	11 409 070	
非流动资产合计	10 288 540				
资产总计	13 818 350		负债和所有者权益（或股东权益）总计	13 818 350	

表 6-2

科目余额表

单位名称：天华公司　　2011 年 12 月 31 日　　单位：元

科目名称	借方余额	科目名称	借方余额
库存现金	35 000	短期借款	360 000
银行存款	1 478 000	应付票据	150 000
其他货币资金	102 000	应付账款	460 000
应收票据	100 000	预收账款	7 000
应收账款	940 000	其他应付款	4 000
坏账准备	−2 400	应付职工薪酬	22 000
预付账款	36 000	应交税费	158 000
其他应收款	17 800	应付利息	10 700
在途物资	147 000	长期借款	2 380 000
原材料	870 500	实收资本	7 000 000
周转材料	260 000	资本公积	750 000
库存商品	380 500	盈余公积	860 000
长期股权投资	365 000	未分配利润	243 700
固定资产	8 604 000		
累计折旧	−1 980 000		
在建工程	480 000		
无形资产	460 000		
长期待摊费用	112 000		
合计	12 405 400	合计	12 405 400

表 6-3

2011 年度有关损益类科目累计发生净额

单位：元

科目名称	借方发生额	贷方发生额
主营业务收入		1 780 000
主营业务成本	843 000	
营业税金及附加	3 150	
销售费用	149 450	
管理费用	104 520	
财务费用	37 200	
资产减值损失	1 160	
投资收益		360 000
营业外收入		89 560
营业外支出	56 000	
所得税费用	136 800	

表 6-4

资产负债表

会企 01 表

编制单位：天华公司　　2011 年 12 月 31 日　　单位：元

资产	期末余额	期初余额	负债和所有者权益（或股东权益）	期末余额	期初余额
流动资产：			流动负债		
货币资金			短期借款		
交易性金融资产			交易性金融负债		
应收票据			应付票据		
应收账款			应付账款		
预付账款			预收账款		
应收利息			应付职工薪酬		
应收股利			应交税费		
其他应收款			应付利息		
存货			应付股利		
一年内到期的非流动资产			其他应付款		
其他流动资产			一年内到期的非流动负债		
流动资产合计			其他流动负债		
非流动资产			流动负债合计		
可供出售金融资产			非流动负债		
持有至到期投资			长期借款		
长期应收款			应付债券		
长期股权投资			长期应付款		
投资性房地产			专项应付款		
固定资产			预计负债		
在建工程			递延所得税负债		
工程物资			其他非流动负债		
固定资产清理			非流动负债合计		
生产性生物资产			负债合计		
油气资产			所有者权益（或股东权益）		
无形资产			实收资本（或股本）		
开发支出			资本公积		
商誉			减：库存股		
长期待摊费用			盈余公积		
递延所得税资产			未分配利润		
其他非流动资产			所有者权益（或股东权益）合计		
非流动资产合计					
资产总计			负债和所有者权益（或股东权益）总计		

表 6-5

利润表

会企 02 表

编制单位：天华公司　　2011 年度　　单位：元

项　　目	本期金额	上期金额
一、营业收入		略
减：营业成本		
营业税金及附加		
销售费用		
管理费用		
财务费用		
资产减值损失		
加：公允价值变动收益（损失以“-”号填列）		
投资收益（损失以“-”号填列)		
其中：对联营企业和合资企业投资收益		
二、营业利润（亏损以“-”号填列）		
加：营业外收入		
减：营业外支出		
其中：非流动资产处置损失		
三、利润总额（亏损总额以”-“号填列）		
减：所得税费用		
四、净利润（净亏损以”-“号填列）		
五、每股收益	略	
(一)基本每股收益		
(二)稀释每股收益		

六、实训报告

__________________________实训报告

<table>
<tr><td>实训项目</td><td colspan="4"></td><td>成绩</td><td></td></tr>
<tr><td>专业、年级</td><td colspan="3"></td><td>指导教师</td><td colspan="2"></td></tr>
<tr><td>报告人</td><td></td><td>学号</td><td></td><td>实训学时</td><td colspan="2"></td></tr>
<tr><td>实训日期</td><td colspan="3"></td><td>实训地点</td><td colspan="2"></td></tr>
<tr><td>实训目的</td><td colspan="6"></td></tr>
<tr><td>实训内容</td><td colspan="6"></td></tr>
<tr><td>实训要求</td><td colspan="6"></td></tr>
<tr><td>实训存在的问题及解决方法</td><td colspan="6"></td></tr>
<tr><td>实训体会及建议</td><td colspan="6"></td></tr>
<tr><td>实训评价</td><td colspan="6"></td></tr>
</table>